명화로 배우는
서양역사 이야기

명화로 배우는
서양역사 이야기

최경석 지음

살림Friends

외국인에게 조선 시대 사회 모습을 설명한다고 한번 가정해 봅시다. 여러분은 어떻게 설명할 건가요? 저는 무엇보다 김홍도의 풍속화를 한 장 보여 주며 설명을 시작하고 싶습니다. 왜냐고요? 한눈에 당시 사람들의 모습이 쏙 들어오기 때문이지요. 거꾸로 여러분들이 만약 서양사, 그중에서도 근대사에 대해 알고 싶다면 어떻게 하는 것이 빠를까요? 김홍도의 그림처럼 한눈에 여러분의 시선을 사로잡을 수 있는, 당시 역사적 상황을 설명해 줄 수 있는 그림이 있다면 쉽게 이해할 수 있지 않을까요? 이 책은 바로 그런 의도에서 시작되었습니다.

우리는 흔히 화가와 음악가 등의 예술가는 시대와 무관하게, 자신만의 창조적 예술 세계를 구축한 것으로 착각하기 쉽습니다. 그들에게 보통 사람들과 다른 재능과 창조력이 있다는 것은 분명한 사실이지요. 하지만 어떤 정치·경제적 상황에서 그들의 작품이 완성되었으며, 그 예술품들이 당대를 어떤 방식으로 반영하고 있는지 한 번쯤 확인해 본다면 당시의 역사를 이해할 수 있는 열쇠를 쥐게 되는 것입니다.

사실 여전히 우리 중·고등학교의 세계사 교과에서는 정치적 이슈가 중심이 되고 있으며 대단원 맨 마지막에 가서야 짤막하게 문예 부분을 다루고 있답니다. 그러나 제 입장에서는 오히려 그 예술가들, 특히 우리의 눈을 사로잡게 만드는 화가들이 당시의 역사를 제대로 보여 줄 수 있다고 여겼습니다. 그리고 청소년 입장에서도 서양의 역사를 딱딱한 방식이 아니라 입체적으로 사고할 수 있는 단초가 될 것이라 생각합니다.

이 책은 서양 근대사, 즉 르네상스부터 19세기 유럽까지 그 당시의 화가들과 명화를 통해 역사를 바라봅니다. 시기를 이렇게 한정한 이유는 세계사의 냉정한 흐름 때문입니다. 자칫 서양이 처음부터 동양보다 일찍 정치적, 경제적 발전을 시작했다고 착각할 수 있습니다. 그러나 르네상스 전까지 오히려 서양은 중국과 이슬람 세계보다 한참 뒤처져 있었지요. 하지만 십자군 전쟁에 패배하면서 역설적으로 발전의 토대를 마련하게 된 것입니다. 마치 추락의 마침표를 찍고 올라가듯 르네상스부터 서양은 세계사적 대 역전을 시작합니다. 그리고 우리는 자본주의 경제체제와 민주주의부터 혁신적인 과학기술까지 서양, 즉 서유럽의 발명과 시행착오를 통해 정착된 것이라는 역사적 사실을 인정할 수밖에 없게 되었습니다.

한때는 이런 역사적 사실을 학습하고 암기하면서 서양의 역사를 보편적인 것으로 인정하거나 부러워하고 따라가야 할 길이라고 여기기도 했습니다. 그러나 서양의 역사, 특히 그들이 세계사적 차원에서 다른 국가와 문명을 누르고 치고 올라간 부분을 좀 더 객관적이면서도 냉정하게 바라볼 필요가 있습니다. 더 이상 서양의 역사를 보편적인 역사라고 부를 수 없기 때문입니다. 이제 그들의 역사도 충분히 객관적으로 그 의의와 한계를 짚어 낼 수 있다고 봅니다. 그렇다면 학생들과 함께 이런 부분을 쉽게 탐구할 수 있는 방법이 무엇일까요? 많은 방법이 있겠지만 그중하나로 당시를 살아간 화가들과 그들이 남긴 명화를 통해 서양의 근대사를 짚어 보면 어떨까 하고 생각했습니다.

교사가 되어 처음 세계사를 가르치던 해, 저는 여름방학을 이용해 무작정 배낭 하나 매고 유럽의 7개국 15개 도시의 미술관과 박물관을 찾아나섰습니다. 그때 제 눈에 충격적이면서도 신선하게 다가왔던 명화와 그속의 역사를 하나로 버무려 우리 청소년들에게 그 느낌과 의미를 전해보려 합니다.

　4부로 구성된 이 내용을 통해 여러분도 서양사를 좀 더 객관적이면서
도 흥미롭게 바라볼 수 있기를 바랍니다. 아울러 그 속에서 서양의 역사
가 어떻게 변화하고 발전해 여기까지 왔는지 한번 자신의 눈으로 확인해
보기 바랍니다.

최경석

차례

들어가는 글 4

1부 화가, 르네상스를 열다

2부 화가, 종교개혁을 그리다

3부 화가, 혁명과 마주하다

4부 화가, 근대를 알리다

1부

화가, 르네상스를 열다

서양은 왕 중심의 국가적 관료제도와 이를 가능케 하는 전쟁과 상업(농업이 아닌) 그리고 다양한 정치체제의 실험 속에서 눈부신 발전의 발판을 마련합니다. 일련의 사건들은 수많은 도시국가로 분열되어 있었으며 동시에 그리스·로마 문화를 간직하고 있던 이탈리아에서 시작됐지요. 14세기부터 16세기까지 지속된 르네상스 시대에 상업과 무역은 자본주의의 시작이었으며 공화정을 비롯해 통일국가가 되기 위한 각종 실험은 훗날 근대 국민 국가를 만드는 토대가 됩니다. 이런 정치, 경제적 흐름 속에 르네상스 시대의 사람들은 자신들이 살고 있던 시대를 찬미하며 역사를 고대와 중세, 그리고 근대로 나뉘기 시작하지요. 1부에서는 이런 르네상스의 의미와 내용, 역사적 전개를 보티첼리, 다빈치, 미켈란젤로, 라파엘로 등 이탈리아 르네상스를 이끈 4명의 화가와 그들이 남긴 명화와 조각을 통해 알아보겠습니다.

르네상스라는 이름의
비너스가 탄생하다

르네상스의 탄생을 알린 화가 보티첼리

그리스·로마 문화가 다시 태어난 시대

여러분은 르네상스 하면 어떤 이미지가 떠오르나요? 신문이나 인터넷을 뒤적이니 '한강 르네상스' '막걸리 르네상스' 등이 눈에 띄네요. 결국 한강이 되살아나고, 전통주인 막걸리가 인기를 되찾았다는 말인데, '르네상스'가 들어가니 왠지 그럴싸해 보이죠? 우리 역사에서도 18세기 정조 시대를 '조선의 르네상스'라고 부릅니다. 임진왜란과 병자호란의 후유증을 이겨 내고 정치와 사회, 문화의 부흥까지 일궈 냈다는 뜻이죠. 여기서 공통적으로 등장하는 르네상스의 이미지는 '부흥'입니다. 르네상스는 '다시 태어남' 또는 '부흥'을 뜻하는 프랑스어입니다. 프랑스 역사학자 미슐레(Jules Michelet, 1798~1874)가 이 르네상스라는 말을 서양의 특정한 시기를 뜻하는 용어로 사용했어요.

　중학교 교과서에는 르네상스에 대해 "그리스·로마의 고전 문화를 부흥시키고자 하는 문화 운동으로, 그 근본정신은 인문주의다."라고 간단명료하게 설명돼 있어요. 서양 고대 문명의 요람인 그리스·로마 문화가 이 시기에 다시 탄생했다는 거죠. 그렇다면 '백문(百聞)이 불여일견(不如一見)'이라고, 이를 한눈에 확인할 수 있는 방법은 없을까요?

　아래 그림은 15세기 후반 이탈리아의 피렌체 출신 화가 보티첼리가 그린 〈비너스의 탄생〉입니다. 교과서의 설명을 확실하게 보여 주는 르네상스의 대표적인 회화라 할 수 있죠.

비너스의 탄생 1485년경 | 캔버스에 템페라 | 172.5×278.5㎝ | 피렌체, 우피치 미술관

비너스와 함께 르네상스가 태어나다

〈비너스의 탄생〉은 하얀 바다 거품*에서 태어난 사랑의 여신 비너스가 서풍(西風)의 신, 제피로스의 부푼 입김에 떠밀려 바닷가에 닿는 순간을 묘사하고 있습니다. 이는 고대 신화의 한 장면이자 그리스의 시인 호메로스가 쓴 서사시의 일부를 그린 것이기도 하죠. 그림에는 르네상스 이전의 '중세 유럽'과 관련된 그 어떤 내용도 보이지 않습니다. 쉽게 말하면 중세 사회의 근본 원리이자 모든 것인 '기독교'와 관련된 내용이 전혀 없다는 거죠. 예수·성모마리아 등 성경의 핵심 인물이나 장면이 완전히 사라졌어요. 작품 주제가 성서가 아니라 그리스 신화이므로 당연한 일입니다. 하지만 이것이 전부는 아닙니다. 보티첼리는 눈에 보이지 않는 다양한 '상징'도 함께 숨겨 두었습니다. 이제 그 상징들을 하나하나 찾으며 르네상스의 역사적 의미를 이해해 봅시다.

서양의 역사는 크게 '고대·중세·근대·현대'로 나뉩니다. 이 가운데 중세는 '암흑시대(Dark Ages)'라 불리는데, 인간의 창의성과 욕망은 가려진 채 근엄한 신의 목소리만 난무했기 때문이에요. 근대는 르네상스부터 시작되었다고 하는데요, 이 시기에 신에 대한 복종과 찬미로 살아가는 기독교적 인간형이 아니라 자기 스스로 사고하고 판단할 줄 아는 인간, 자신의 내면

* 그리스어로 거품을 '아프로스'라고 한다. 그리스 신화의 '아프로디테'가 곧 로마 신화의 '비너스'이다.

을 찾을 줄 아는 자립적인 인간이 나타났습니다. 사람들은 인

간 중심의 세상을 꿈꾸었고, 그 결과 인문주의*(휴머니즘)

가 등장하게 됩니다. 곧 중세 1,000년 암흑시대와의 단

절을 외치는 르네상스가 시작된 거죠. 그런데 인문주

의는 르네상스에 갑자기 등장한 게 아니에요. 그리스

와 로마로 대표되는 고대에도 존재했던 세계관이었죠. 그러니

이 시기엔 '재'발견만 하면 됐답니다. 로마 교황을 정점으로 한

중세 기독교 세계는 더 이상 인간을 구원하는 천년왕국을 약

속하지도, 실천하지도 못했습니다. 따라서 이제 중세는 고대의

부활이라는 형태로 등장한 르네상스에 그 자리를 내주게 됩니

다. 어쩌면 미래는 오래된 과거에 잉태되어 있는 것인지도 모

산드로 보티첼리(Sandro Botticelli, 1445년경~1510년)

이탈리아 초기 르네상스 시대의 대표적인 화가이다. 처음에
는 금 세공 기술을 연마했으나, 이후 그림을 배웠다. 피렌체
에서 메디치 가문의 후원을 받으며 수많은 초상화를 그렸
다. 피렌체 대성당 설계 작업에 참여하기도 하는 등 피렌체
에 머무는 동안 화가로서 전성기를 맞는다. 대표작으로는
〈프리마베라(봄)〉〈비너스의 탄생〉 등이 있다.

르지요.

자, 여러분 눈앞에 사랑의 여신 '비너스'가 눈부시게 등장합니다. 르네상스라는 화려한 이름을 달고! 그림을 자세히 살펴볼까요?

〈비너스의 탄생〉은 크게 세 부분으로 나뉩니다. 왼쪽에는 서풍의 신 제피로스가 그의 연인 클로리스[*]를 안고 힘껏 입김을 불고 있습니다. 둘의 모습은 당시 피렌체의 축제 기간 동안 거리에 세웠던 인물상을 본떠 만든 것으로 '세속적'이고 '감각적'인 사랑을 의미하지요. 오른쪽에는 데이지 꽃이 그려진 망토를 든 계절의 여신 '호라이[*]'가 비너스를 맞이하고, 뒤에는 영원을 상징하는 월계수 세 그루가 있습니다. 이 장면은 '순수함'과 '순

* **클로리스** 요정으로, 제피로스와 결혼해 '플로라'라는 꽃의 여신이 된다.

* **호라이(Horae)** 과실나무의 요정이자 계절의 여신으로, 보통 세 명(봄·여름·겨울)이다. 시간을 뜻하는 'hours'가 여기서 유래했다.

결성'을 상징한다고 해요. 그리고 가운데에는 양쪽의 감각적인 사랑과 영원한 순수함을 모두 갖춘 비너스가 옷을 걸치지 않은 채 서 있습니다.

고대와 중세의 화해가 이루어지다

그러나 여기서 잠깐! 이것이 결코 전부가 아닙니다. 사실 보티첼리는 이 그림 속에 눈에 보이지 않는 중세 기독교적인 상징을 숨겨 놨어요. 왼쪽 제피로스와 클로리스에서는 하늘에서 내려온 천사를, 오른쪽 여신에서는 세례자 요한으로 예수에게 물을 붓는 모습을 떠올릴 수 있다고 합니다. 또한 비너스의 표정을 보세요. 창백하고 조금은 우울한 표정에서 현실의 여성과는 전혀 다른 성스러움이 느껴집니다. 바로 성모마리아의 이미지이지요. 옷을 걸치지 않았다는 것만 빼면 말이에요. 비너스가 타고 있는 조개도 기독교적 의미를 띱니다. 조개는 예수의 제자였던 성 야고보와 그의 유해가 묻혀 있는 성 야고보 _(산티아고) 성당을 의미하는 행운의 상징이에요. 사람들이 옷이나 모자에 달고 다니기도 했다는군요.

세속의 붓으로 천상의 아름다움을 그린 보티첼리의 〈비너스의 탄생〉을 통해 그리스·로마의 이상적인 미가 기독교적으로도 해석될 수 있음을 확인했습니다. 이렇듯 역사란 '고대-

중세-근대-현대'로 두부 자르듯 쉽게 나눌 수 있는 것이 아닙니다. 중세를 밀어내고 고대와 근대가 단번에 짝짓기를 할 수 있는 것도 아니고요. 이전 시대에서 다음 시대로 넘어가는 과정에서는 이런 조화와 균형, 화해가 필수입니다.

하지만 한 가지 분명한 점은 곰브리치(Ernst H. J. Gombrich, 1909~2001)가 『서양미술사』에서 언급했듯이 이제 중세는 르네상스의 탄생과 함께 서서히 무대에서 퇴장했다는 것입니다. 그림 바깥으로 눈길을 돌리면 이런 점을 더욱 확연히 알 수 있습니다. 이 그림을 주문한 사람은 부유한 상인 로렌초 데 메디치입니다. 즉, 중세의 상징인 교회도 왕도 아닌, 당시 최고의 상업 자본을 형성한 메디치 가문의 요청으로 그림이 그려진 것입니다. 로렌초는 훗날 아메리카 대륙의 이름이 되는 아메리고 베스푸치라는 항해사를 고용한 고용주이기도 하지요. 피렌체에서 가죽 장인의 아들로 태어나 금 세공사가 되기 위한 훈련을 받기도 했던 보티첼리는 이 메디치 가문과의 인문학적 교류와 그들의 지원으로 자신의 미술을 꽃피울 수 있었습니다.

한편 미의 여신 비너스는 '우주의 영원한 사랑'을 상징하기도 합니다. 그리스·로마 신화와 함께 서양 문명의 양대 산맥을 이루는 기독교의 핵심교리도 '인류애'입니다. 사랑은 전쟁을 중단시키고 평화를 가져옵니다. 보티첼리의 〈비너스와 마르스〉

에서 이를 확인할 수 있어요. 사랑의 여신 비너스가 깊은 잠

에 빠져 있는 전쟁의 신 마르스[*]를 물끄러미 바라보고

있습니다. 그 주위에는 얼굴은 사람이지만 머리에 뿔

이 있고 하반신은 염소인 아기 사티로스[*]가 마르스의

무기를 갖고 놀고 있군요.

　르네상스 직전까지 서유럽은 많은 전쟁으로 혼란에

시달렸어요. 게다가 유럽 인구의 3분의 2 이상을 죽음으로 몰

고 갔던 페스트(흑사병) 등의 전염병 후유증도 심각한 상태였죠.

중세 말기는 이렇게 죽음과 고통이 난무한 무질서의 시대였습

비너스와 마르스 1483년경 | 목판에 템페라 | 69×173.5㎝ | 런던, 국립미술관

니다. 더구나 보티첼리가 살던 피렌체는 13~14세기 초반까지 황제파와 공화파의 내분이 있었고 16세기 초까지도 피렌체와 밀라노 등 도시국가 간 전쟁이 계속되었습니다. 사람들은 이런 상황을 벗어나게 해 줄 건 '사랑'밖에 없다고 생각했어요. 위대한 사랑의 힘이 전쟁을 길들여 이 땅에 평화가 깃들기를 바랐던 거죠.

우주의 영원한 사랑이자 기독교적 인류애를 상징하는 비너스는 보티첼리의 〈프리마베라(봄)〉에서 더욱 빛을 발합니다. 사실 이 그림에서 진짜 봄을 상징하는 것은 화관을 쓰고 꽃목걸이를 한 꽃과 봄의 여신 '플로라'입니다. 그러나 우리의 시선은 가운데에 있는 비너스에게로 향합니다. 마치 우주의 영원한 사랑을 간직한 여신이 등장해, 추운 겨울이 물러나고 어두컴컴한 숲 속에 봄의 기운이 넘쳐 나는 듯 느끼는 거죠. 한편, 그림의 왼쪽에서는 비너스의 연인이기도 한 머큐리[*]가 구름을 쫓아내고 빛을 불러오고 있어요. 또 위에서는 비너스의 장난꾸러기 아들 큐피드[*]가 세 명의 여신[三美神]에게 사랑의 화살을 겨누고 있고요. 오른쪽에는 서풍 제피로스의 구애를 피하다 결국 붙잡힌 요정 클로리스가 꽃의 여신 플로라로 변하는 모습이 압축적으로 표현돼 있습니다.

* 머큐리 신들의 명령을 전달하는 전령의 신으로, 그리스 신화에서는 헤르메스라 부른다.

* 큐피드 사랑의 신으로, 그리스 신화에서는 에로스라 부른다.

이탈리아, 피렌체 그리고 메디치 가문

〈프리마베라〉는 원래 오랫동안 피렌체를 지배한 메디치 가문의 신부 침실에 걸렸던 것입니다. '봄'은 사랑과 결혼을 상징하죠. 그 당시 메디치 가문은 교황과 그 밖의 세력으로부터 피렌체를 지키기 위해 다른 힘 있는 도시국가의 가문과 정략결혼을 감행했어요. 이 그림은 그 내용을 묘사하고 있답니다.

고대 로마 문화의 전통을 간직한 이탈리아는 중세에 지중해 무역의 중심지로 이름을 날렸습니다. 따라서 자연스럽게 상업이 발전했는데, 이를 대표하는 도시가 바로 피렌체였죠. 그 덕에 피렌체는 11세기부터 모직물·견직물 공업과 이를 교역하는 중심지로 성장해 이탈리아에서 가장 부유한 도시가 되었습니다. 또한 피렌체는 중세 기독교의 본산*인 로마 교황청으로 가는 주요 길목에 위치해 있었어요. 로마에 가기 위해서는 반드시 피렌체를 거쳐야 했죠. 이때 기독교 순례자들은 대부분 피렌체에서 환전을 했는데, 이를 담당한 것이 바로 메디치 가문이었습니다. 결국 유럽 최대의 금융 시장이었던 피렌체에서 메디치 가문은 금융업으로 엄청난 돈을 벌었고, 이를 바탕으로 정치적·문화적 영향력을 마음껏 발휘한 거죠. 당시에 이미 유럽 대륙에 8개의 지점을 둔 은행이 있었고 양모점과 비단점 등을 통해 엄청난 자본을 끌어모으고 있었습니다.

그럼 다시 〈프리마베라〉로 돌아가 볼까요? 이 그림에서 오른쪽 꽃의 여신 플로라는 피렌체, 큐피드는 로마, 요정 클로리스는 베네치아를 상징한다는 분석이 있어요. 메디치 가문은 피렌체를 지키기 위해 이런 도시국가들과 정략결혼을 수단으로 연맹을 맺었던 거예요. 당시 메디치 가문을 꺾으려는 계획을 세우던 교황과 그 추종 세력은 결국 이 연맹으로 인해 이를 포기하게 됩니다. 이런 메디치 가문의 외교적 승리를 자축하는 그림이 〈팔라스와 켄타우로스〉입니다. 이 그림에서 지혜와 전쟁의 여신인 팔라스*는 전쟁을 상징하는 반인반수 켄타우로스의 머리채를 인정사정없이 쥐고

팔라스와 켄타우로스 1482년경 | 캔버스에 템페라와 유화 | 207×148㎝ | 피렌체, 우피치 미술관

있어요. 팔라스의 투명한 옷에 수놓인 세 개의 반지가 맞물린 문양은 메디치 가문을 상징하고, 당황한 표정으로 머리채를 잡힌 켄타우로스는 메디치를 공격하려다 실패한 당대 교황 식스토 4세(Sixtus IV, 1414~1484)를 상징합니다. 물론 이와 동시에 르네상스적인 의미에서 이성(팔라스)이 본능(켄타우로스)을 제어할 수 있다는 당대 인문주의의 자신감을 그림에 표현한 것이기도 하죠.

보티첼리, 중세의 그늘로 몸을 숨기다

하지만 이렇게 승승장구하던 메디치 가문도 1494년 프랑스의 침입에 무기력하게 굴복합니다. 메디치 가문 사람들도 피렌체 시민들에 의해 일시적으로 추방됐죠. 이때 그 자리를 메운 사람은 가장 중세적인 지위라 할 수 있는 수도사 지롤라모 사보나롤라(Girolamo Savonarola, 1452~1498)였어요. 피렌체의 산마르코 수도원장이었던 그는 기독교적 종말과 심판이 얼마 남지 않았다고 예언하면서 회개할 것을 촉구합니다.

여기에 사랑의 여신 비너스와 지혜의 여신 팔라스를 가감 없이 그리던 보티첼리도 급속도로 빨려들어 갑니다. 참회를 요구하는 사보나롤라의 주장에 빠르게 동화되어 갔어요. 자신이 열어젖힌 르네상스라는 새로운 세계의 의미를 더욱 확장시키지 못한 채, 다시 과거의 세계로 돌아간 거죠. 따라서 결국 그 역할은 같은 시대의 예술가이자 같은 공방에 소속되어 있던 레오나르도 다빈치에게로 넘어갑니다. 그 뒤 형식적·내용적인 면에서 다빈치는 훨씬 더 뛰어난 르네상스적인 세계를 완성해 냅니다. 마치 거대한 강물의 뒷 물결이 앞 물결을 밀어내며 나아가듯이[長江後浪 推 前浪] 말입니다.

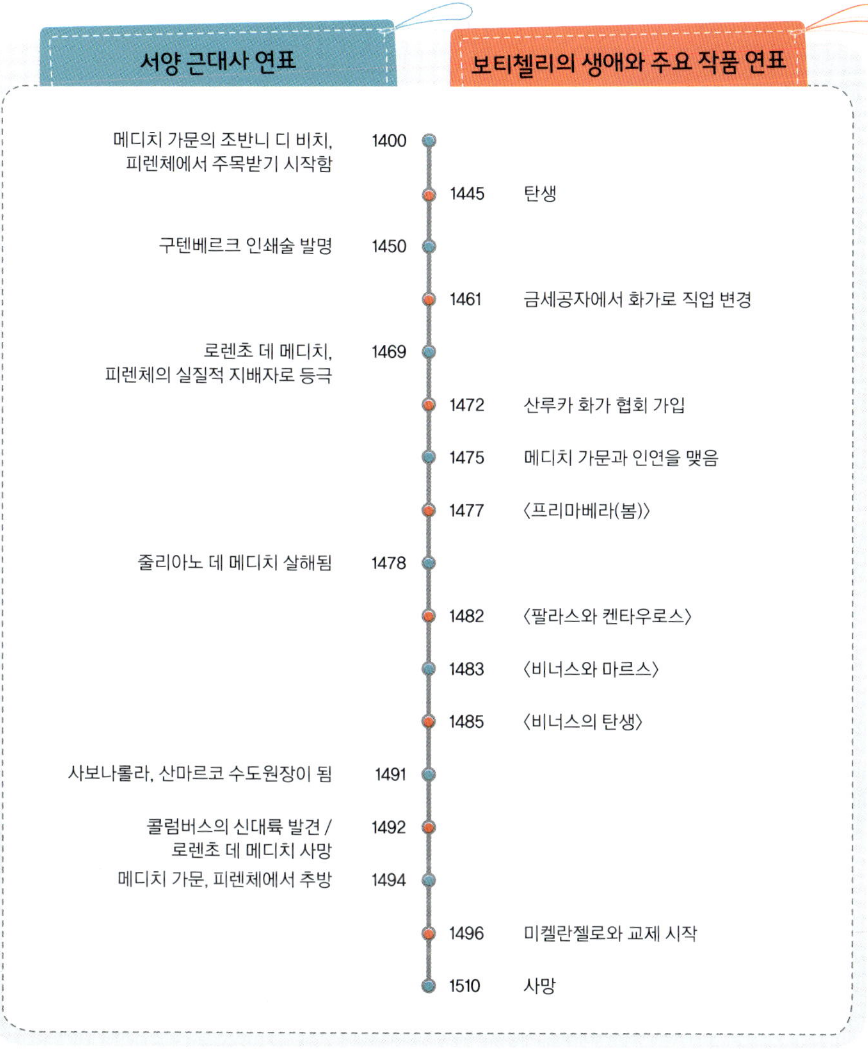

서양 근대사 연표
보티첼리의 생애와 주요 작품 연표

메디치 가문의 조반니 디 비치, 피렌체에서 주목받기 시작함	1400
1445	탄생
구텐베르크 인쇄술 발명	1450
1461	금세공자에서 화가로 직업 변경
로렌초 데 메디치, 피렌체의 실질적 지배자로 등극	1469
1472	산루카 화가 협회 가입
1475	메디치 가문과 인연을 맺음
1477	〈프리마베라(봄)〉
줄리아노 데 메디치 살해됨	1478
1482	〈팔라스와 켄타우로스〉
1483	〈비너스와 마르스〉
1485	〈비너스의 탄생〉
사보나롤라, 산마르코 수도원장이 됨	1491
콜럼버스의 신대륙 발견 / 로렌초 데 메디치 사망	1492
메디치 가문, 피렌체에서 추방	1494
1496	미켈란젤로와 교제 시작
1510	사망

화가는 모든 창조물의
주인이자 신이다

르네상스가 낳은 시대의 천재 다빈치

군사 기술자, 레오나르도 다빈치?!

1502년, 두 명의 피렌체인이 당대 최고 권력을 쥔 체사레 보르자를 만나는 자리에 함께합니다. 한 명은 〈모나리자〉로 유명한 천재 화가 레오나르도 다빈치이고, 또 다른 한 명은 『군주론』에서 근대적 국가 개념을 제시하며 목적을 위해 수단과 방법을 가리지 말 것을 주장한 마키아벨리(Niccolò Machiavelli, 1469~1527)입니다. 다빈치는 권력자가 자신의 예술 활동을 전폭적으로 후원해 주기를 원했고, 마키아벨리는 이탈리아 도시국가 간의 전쟁과 분열을 끝내고 통일된 국가를 만들고 싶어 했어요. 두 명의 피렌체인이 이를 실현할 수 있는 인물이라고 판단한 사람은 바로 교황의 아들이자 당대 최고 권력자였던 체사레 보르자입니다. 실제 보르자는 마키아벨리의 『군주론』의 모델이기도 했지요.

마키아벨리 산티 디 티토 作

체사레 보르자 발렌티노 공작 알토벨로 멜론 作

　여기서 우리는 역사에서 개인과 사회의 관계를 떠올려 볼 수 있습니다. 역사가 E. H. 카(Edward Hallett Carr, 1892~1982)는 제아무리 걸출한 천재도 그 시대의 산물이라고 이야기했어요. 그러니 천재 화가 다빈치를 이해할 때도 그 시대와의 연관성을 파악해 볼 필요가 있습니다. 재미난 것은, 다빈치는 체사레 보르자에게 '화가'가 아니라 '군사 기술자'로 인정받게 되었다는 점입니다. 사실 다빈치는 병기를 고안하거나 성채 구축을 제안하는 등 이미 밀라노의 군주를 위해 미술 이외의 다양한 활동을 펼친 경력이 있었습니다.

자연의 '모든 것'을 탐구하다

레오나르도 다빈치는 음악·문학·철학·수학 등을 비롯해, 원근법과 해부학, 헬리콥터와 낙하산, 잠수함, 자전거 연구까지 정말 건드리지 않은 분야가 없었어요. 중세인과 비교해 다양한 분야를 소화하고 이해하며 인간의 창조적 활동을 보여 주었기에 흔히 르네상스 시대의 사람을 '만능인'이라고도 부릅니다. 여기에 딱 맞아떨어지는 대표적인 인물이 바로 레오나르도 다빈치였죠.

16세기 유럽 사람들은 단순히 그리스·로마 문화를 '재현' 하는 데서 한 걸음 더 나아가, 무한한 잠재력을 한 번에 터트리게 됩니다. 그리고 자연의 '모든 것'을 대상으로 삼아 탐구하

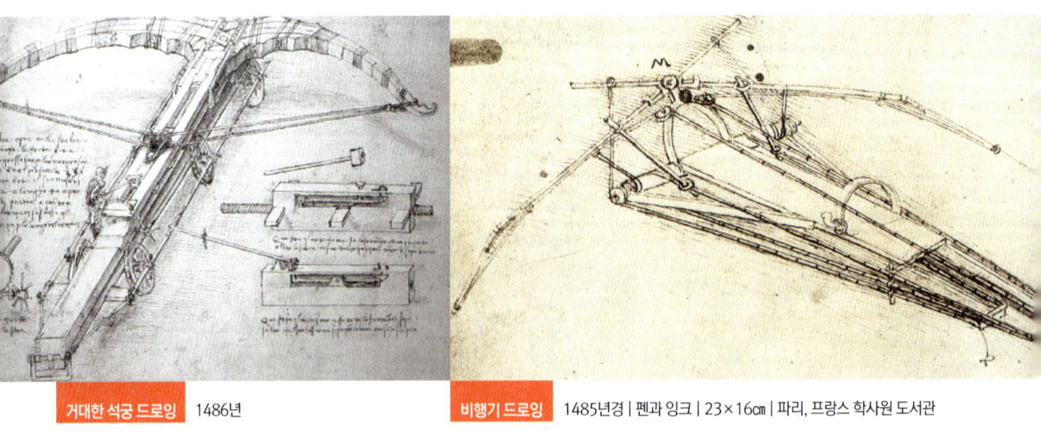

거대한 석궁 드로잉 1486년

비행기 드로잉 1485년경 | 펜과 잉크 | 23×16㎝ | 파리, 프랑스 학사원 도서관

고 이해해 새로운 무언가를 창조하려 합니다. 콜럼버스가 신대륙을 찾아 나서고[1492년], 루터가 교황청의 잘못을 고발하며 누구든지 『성경』을 통해 신과 직접 대면할 수 있다고 주장[1517년]한 것처럼 말이에요. 신은 팔짱을 끼고 물러서서 자신이 만든 피조물이 무엇을 하는지 지켜보고만 있는 것 같았어요. 이렇게 기독교의 권위가 흔들리고 유럽이 세상의 전부라는 믿음이 무너지자 서양인들은 미지의 세계와 자연을 향해 탐구와 도전 그리고 정복을 감행합니다.

레오나르도 다빈치(Leonardo di ser Piero da Vinci, 1452~1519)

르네상스 시대 이탈리아를 대표하는 천재적인 미술가이자 기술자인 레오나르도 다빈치는 조각·건축·수학·과학·음악·철학에 이르기까지 다양한 방면에서 활약했다. 예수와 열두 명의 제자를 소재로 한 〈최후의 만찬〉은 예수의 머리를 소실점으로 완벽한 균형을 이루는 작품의 구조가 돋보인다. 회화의 법칙과 질서를 학문적으로 접근한 다빈치는 이 작품에서 원근법과 투시법을 활용해 작품의 완벽한 질서를 표현했다.

또 사람과 동물의 시체를 해부하는 기이한 행동을 한 것으로도 유명한데, 그가 스케치북에 남긴 인체 해부도는 의학 발전에도 크게 기여했다.

최후의 만찬 1495~1498년경 | 회벽에 유채와 템페라 | 460×880㎝ | 밀라노, 산타 마리아 델레 그라치에 성당의 식당

특히 '화가란 모든 창조물의 주인이며 동시에 신과 같다'라고 주장한 다빈치는 역설적이게도 종교화 속에 자신이 탐구한 자연과 인간의 비밀을 고스란히 담아냅니다. 보티첼리가 직접 그리스·로마의 신들을 그린 것과는 정반대의 방식이지요. 15세기 말 밀라노 스포르차 공작의 주문으로 그린 산타 마리아 델레 그라치에 성당의 식당을 장식하고 있는 〈최후의 만찬〉을 봅시다. 〈최후의 만찬〉은 루도비코 스포르차와 그의 부인 베아트리체가 죽은 후에 묻힐 산타 마리아 델레 그라치에 성당을 장식하기 위해 그려졌습니다. 그는 이 종교화 속에 자신의 번뜩이는 예술성을 발휘합니다.

스포르차 가문 제단화의 일부

예수와 제자들의 마지막 식사를 표현한 이 그림은 그 안에 배신자가 있다는 예수의 말에 제자들이 보이는 반응을 마치 연극의 한 장면처럼 묘사하고 있습니다. 다빈치는 이 그림에 본인이 탐구해 얻은 원근법과 기하학적 연구의 결과를 담았습니다. 둥근 천장과 바닥으로 형성된 원형의 중심에 그리스도의 머리가 놓여 있습니다. 그리고 미동도 하지 않는 예수와 세 명씩 뭉쳐서 수군거리며 동요하는 제자들의 모습이 매우 과학적으로 분배되어 있죠.

거무튀튀한 피부색 때문에 무어인으로도 불렸던 밀라노의 루도비코 스포르차 공작은 15세기 말에서 16세기 초까지 밀라노 궁전을 유럽에서 문화적으로 가장 빛나게 만든 사람입니다. 다빈치는 밀라노에서 밀라노 귀족들을 위해 마법 같은 축제를 연출하기도 하고 스포르차 가문을 위해 청동 기마상 제작을 시도하기도 했습니다.

또 다빈치는 로마의 공병대장이자 건축가였던 비트루비우스가 쓴 『건축 10서』라는 책을 읽으며 인체의 구조와 비례에도 관심을 가졌어요. 그리고 정사각형과 원을 이용해 인체를 정교하게 그리기도 했죠. 그의 과학적 탐구 활동이 어느 정도였는지 잘 알 수 있는

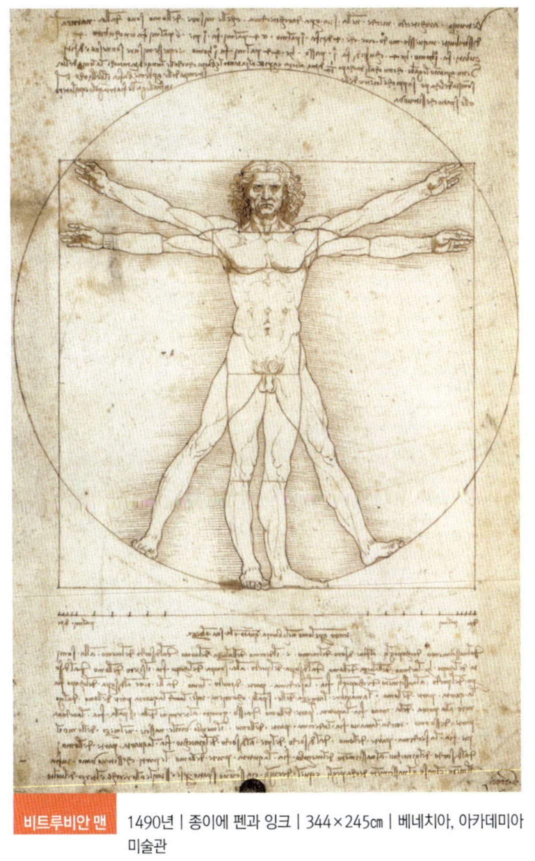

비트루비안 맨 1490년 | 종이에 펜과 잉크 | 344×245㎝ | 베네치아, 아카데미아 미술관

성 히에로니무스 | 1480~1482년경 | 나무판에 유채 | 103×75cm | 로마, 바티칸 미술관

남성의 목과 어깨 | 1509~1510년경 | 펜과 잉크 | 29.2×19.8cm | 윈저 성

경우입니다.

〈성 히에로니무스〉라는 종교화 역시 인체에 대한 다빈치의 관심을 잘 반영하고 있는 작품입니다. 성 히에로니무스는 시리아의 어느 사막에 사는, 예수의 고행을 떠올리며 명상과 고행을 하면서 살아가는 성자입니다. 지금 그는 십자가의 고통과 예수의 삶을 되새기며 자신의 가슴을 돌덩이로 치는 고행을 하고 있습니다. 그에게는 발톱에 박힌 가시를 뽑아 주어 우정을 나누게 된 사자 한 마리가 있었죠.

구도 면에서는 대각선으로 사자가 성자를 쳐다보고, 성자
는 보이지 않는 예수를 쳐다보는 형상입니다. 몸의 힘줄부터
가슴팍을 내리치려는 손목과 팔꿈치, 팔과 어깨의 뼈와 근육
이 마치 살아 있는 듯 꿈틀거리고 있습니다. 거기에 목 근육과
얼굴 표정까지, 정말 실감 나게 묘사되어 있죠.

이처럼 그는 정확하고 완전한 지식을 얻기 위해 "보기에도
역겨운 시신과 밤을 보내야 하는 두려움"을 이겨 내면서 30구
가 넘는 시신을 해부한 것으로도 유명합니다. 그리고 화가라
면 그림 그리는 재주는 물론, 균형 잡힌 시각과 기하학을 다
룰 줄 아는 능력이 있어야 하는데 본인은 이를 모두 갖추었다
며 자랑한 기록도 있습니다.

바야흐로 신학이 아니라 '이성'과 '과학'의 시대가 유럽에서
기지개를 켜기 시작한 것입니다. 어쩌면 이것이 당대 서양인의
자부심이자 훗날 서양 우월주의의 핵심이 되는 것인지도 모릅
니다. 사연과 인간을 대상화하고 탐구하며 정복할 수 있다는
자부심은 이런 행위를 하는 서양인은 교양인이고 그렇지 않
은 나머지 세계와 인간은 미개인이라는 결과로 귀결됩니다. 따
라서 여기에 미개한 이들을 교화시킨다는 명목을 내세우는
제국주의의 논리가 숨어 있는지도 모른다는 것이지요.

실제 이미 다빈치의 고향 피렌체 공화국은 피사와 같은 도

시를 식민 지배하고 있었습니다.

<모나리자>, 보이지 않는 영혼을 미소에 담다

종교화 속에 숨어 있는 근대 과학의 얼굴, 즉 기하학적 요소는 인물을 피라미드형으로 배치한 다음 두 작품에서 구체적으로 드러납니다.

<암굴의 성모>는 아기 예수를 지키기 위해 동굴로 피신한 성모마리아가 어린 세례자 요한을 만나는 장면을 그린 그림입니다. 중앙의 성모마리아 옆의 아기가 성 요한이며, 천사와 함께 있는 아기가 예수입니다. 아기 예수가 한 손으로 세례자 요한을 축성하고 있습니다. 네 사람의 손가락을 선으로 이으면 예수 머리 위로 수평으로 세운 십자가의 모습이 나타난다고도 하네요.

<성 안나와 성 모자>는 이미 당시에 이 그림을 본 모든 이들이 그 완벽함에 넋을 잃을 정도였다는 찬사를 받았습니다. 어머니 성 안나의 무릎에 앉아 있는 성모마리아가 아기 예수와 함께 놀고 있는 양(속죄의 제물을 상징)에서 아기 예수를 떨어뜨리려는 것처럼 보입니다. 예수가 인류의 죄를 대신 지게 될 것이라는 것을 눈치 채고 안타까운 마음에서 그런 것일까요? 성 안나는 이것이 부질없는 것이라며 딸을 만류하는 것처럼 보입

암굴의 성모 1483~1486년 | 나무판에 유채 | 199×122㎝ | 파리, 루브르 박물관

성 안나와 성 모자 1502~1516년경 | 나무판에 유채 | 168×163㎝ | 파리, 루브르 박물관

1478~1480년경 | 나무판에 유채와 템페라
| 38.1×37cm | 워싱턴, 국립 미술관

1490년경 | 나무판에 유채 | 54.8×40.3cm
| 크라쿠프, 차르토리치 미술관

1490년경 | 나무판에 유채 | 63×45cm |
파리, 루브르 박물관

니다. 그림 속의 두 여인은 모녀라는 것이 느껴지지 않을 정도로 미모가 뛰어납니다. 레오나르도 다빈치가 궁극적으로 그리고 싶었던 인류의 보편적 미, 영원한 아름다움이 서서히 형태를 잡아가는 것 같아요. 그리고 그 종착지는 바로 다빈치가 죽을 때까지 늘 가지고 다녔던 최고의 작품 〈모나리자〉입니다.

다빈치의 모든 활동이 마치 〈모나리자〉 한 점을 그리기 위한 것처럼 보일 정도로 〈모나리자〉는 뛰어난 그림입니다. 다빈치의 박물관적 지식의 결정체라고도 할 수 있지요. 이 그림을 이해하기 위해서는 그가 이전에 그린 다른 초상화들도 순서대로 살펴볼 필요가 있습니다.

〈지네브라 데 벤치의 초상〉에서 배경의 어두운 향나무는 이탈리아어로 '지네프로'라고 합니다. 지네브라와 발음이 비숫하기 때문에 그녀를 상징하는 것이죠. 〈모나리자〉에서도 나타나게 될 스푸마토 기법*이 사용된 이 그림은 메디치 가문도 찬양한 지네브라의 순결함과 아름다움을 표현한 그림입니다. 그 다음의 〈흰 담비를 안은 여인〉은 밀라노 스포르차 공작의 여인이었던 체칠리아 갈레라니를 그린 초상화입니다. 그녀는 〈암굴의 성모〉의 실제 모델이기도 했는데요, 여기서 흰 담비(족제비)는 스포르차 가문을 상징한다고 합니다. 모나리자와 달리 배경이 아무것도 없는데 오히려 이 점 때문에 얼굴의 윤곽선이 더 두드러집니다. 〈아름다운 페로니에르〉는 상대방의 마음을 훤히 읽는 듯한 표정의 눈망울이 돋보입니다. 다빈치는 "눈은 영혼의 창"이라고 말했다고 해요.

　이 세 초상화를 바탕으로 〈모나리자〉, 즉 리자 부인의 초상화를 봅시다. 이탈리아어로는 〈라 조콘다〉로 불리는데요, 〈모나리자〉가 비단 무역으로 부유해진 조콘다의 세 번째 부인 초상화이기 때문입니다.

중세의 가을인가, 근대의 여명인가

　리자 부인은 검은색 상복을 입고 자세를 취하고 있습니다. 조콘다 부부에게는 어린 나이에 죽은 아들이 있었는데, 그를 기리기 위한 것이라고 하네요. 조용히 포갠 양손은 해부학적 지식이 반영되어 마치 살아 있는 이의 손처럼 느껴질 정도입니다. 그렇다면 알 듯 말 듯한 미소의 정체는 무엇일까요? 다 빈치가 그녀의 미소를 끌어내기 위해 가수와 음악가, 광대를 불러서 그녀가 살짝 웃게 만들었다고 합니다. 마치 "당신의 모든 것을 저는 알고 있어요."라고 말하는 것처럼 보입니다. 다 빈치는 우리를 바라보는 모나리자의 눈과 미소에 인간의 보이지 않는 내면의 모습을 표현했다고 합니다. 여기에도 그의 모든 해부학적, 기하학적 지식이 동원되었습니다. 입 주위에 있는 24개 근육을 통해 마음의 움직임을 나타내는 미소를 표현한 것이죠.

르네상스에 대해 역사가들은 크게 두 가지의 상반된 주장을 합니다. 하나는 하위징아(Johan Huizinga, 1872~1945)라는 역사가가 주장하는 것으로 '르네상스는 중세의 아들'이라는 것입니다. 이미 12세기부터 그리스·로마의 신들을 기독교적으로 해석하는 전통이 있었고, 보티첼리의 그림에서 보이는 것처럼 중세는 낡은 것이 아니라 르네상스를 탄생시킨 모태가 되었다는 주장입니다. 반면, 부르크하르트(Jacob Burckhardt, 1818~1897)라는 역사가는 르네상스 시대에 세계와 인간의 재발견이 이뤄진 것은 신의 은총에 의한 것이 아니라고 말했습니다. 제우스의 불을 뺏은 프로메테우스처럼 인간이 신으로부터 떨어져 만물의

1503~1506년경 | 패널에 유채 | 77×53㎝ | 파리, 루브르 박물관

주인으로 등장한 것이므로 중세와의 단절을 의미한다는 겁니다. 즉 근대의 시작이라는 것이지요.

자, 레오나르도 다빈치의 여러 그림괴 그 속에 들어 있는 다양한 학문적 요소와 과학적 기술들을 통해 우리는 르네상스를 서양사에서 어떤 시기라고 부를 수 있을까요? 여러분 나름의 눈으로 한번 평가해 보기 바랍니다. 그리고 오늘의 우리에게 어떤 의미로 르네상스가 다가오는지도 생각해 보세요. 역사란 과거와 현재의 대화이므로.

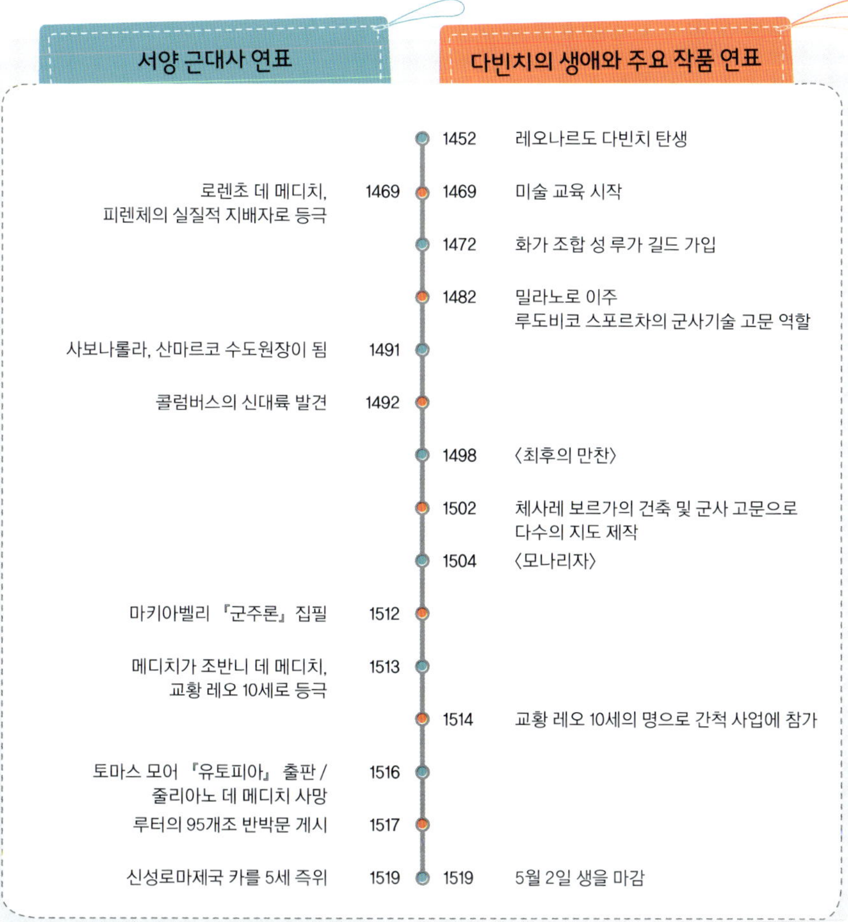

서양 근대사 연표		다빈치의 생애와 주요 작품 연표	
		1452	레오나르도 다빈치 탄생
로렌초 데 메디치, 피렌체의 실질적 지배자로 등극	1469	1469	미술 교육 시작
		1472	화가 조합 성 루가 길드 가입
		1482	밀라노로 이주 루도비코 스포르차의 군사기술 고문 역할
사보나롤라, 산마르코 수도원장이 됨	1491		
콜럼버스의 신대륙 발견	1492		
		1498	〈최후의 만찬〉
		1502	체사레 보르가의 건축 및 군사 고문으로 다수의 지도 제작
		1504	〈모나리자〉
마키아벨리 『군주론』 집필	1512		
메디치가 조반니 데 메디치, 교황 레오 10세로 등극	1513		
		1514	교황 레오 10세의 명으로 간척 사업에 참가
토마스 모어 『유토피아』 출판 / 줄리아노 데 메디치 사망	1516		
루터의 95개조 반박문 게시	1517		
신성로마제국 카를 5세 즉위	1519	1519	5월 2일 생을 마감

신을 그리며
인간을 꿈꾸다

종교개혁의 소용돌이 중심에 선 미켈란젤로와 라파엘로

종교개혁의 원인, 산피에트로 대성당 공사

우리는 흔히 '기독교' 하면 개신교만 떠올리는데, 이것은 잘못된 상식입니다. 기독교는 예수의 가르침을 중심으로 하나님을 믿는 모든 종교를 가리킵니다. 가톨릭교, 개신교, 그리스 정교 등 세상의 악에서 인류를 구원할 메시아로 예수를 믿는 모든 종교가 기독교라는 뜻이죠. '교회'도 마찬가지예요. 가톨릭교의 교회냐, 개신교의 교회냐는 차이만 있을 뿐,

자화상 1505~1506년경 | 패널에 유화 | 47.5×33cm | 피렌체, 우피치 미술관

44

모두 같은 교회입니다. 이렇게 헷갈리게 종교가 갈라진 이유
는 무엇일까요? 이것은 16세기 서양을 한바탕 뒤흔든 '종교개
혁'이라는 역사적 사건 때문입니다.

1517년 10월, 독일의 한 평범한 사제*이자 신학 교
수인 마틴 루터(Martin Luther, 1483~1546)는 비텐베르크 성
의 교회 정문에 '95개조 반박문'을 게시하며, 가톨릭교
회의 가르침에 정면으로 맞섭니다. 여기에는 가톨릭교회가 로
마 교황의 지시로 '면죄부'를 판매하는 일에 항의하는 내용이

* **사제** 가톨릭에서 일정 자격
을 갖추고 성사와 미사를 집
행하는 성직자.

담겨 있었어요. 면죄부를 돈으로 사면 죄가 용서된다고 했기 때문입니다. 한마디로 돈만 내면 천국에 갈 수 있다는 주장을 비판한 거죠. 그렇다면 로마 교황청은 왜 면죄부를 팔았으며, 이 돈으로 무엇을 하려 했을까요? 바로 교황의 명을 받아 라파엘로라는 화가의 지휘로 짓고 있던 산피에트로 대성당의 공사비로 충당하려 했던 겁니다.

교황의 총애를 가장 많이 받은 화가 라파엘로

여기서 서양사의 잘못된 개념 두 가지를 고치고 갑시다. 한 가지는 면죄부에 대한 것이고, 다른 한 가지는 루터의 주장에 대한 것입니다. 우선, 면죄부는 그 명칭 자체부터 잘못되었습

라파엘로(Raffaello Sanzio, 1483~1520)

르네상스 시대에 활동한 이탈리아의 화가이자 건축가이다. 레오나르도 다빈치, 미켈란젤로와 함께 르네상스의 예술을 빛낸 3대 거장으로 일컬어진다. 궁정화가의 아들로 태어나 16세에 이미 거장의 반열에 오른 천재화가이다. 교황의 부름으로 로마로 간 라파엘로는 곧 교황의 화가로 엄청난 명성을 얻었다. 그에게 큰 성공을 안긴 작품 중에는 교황청의 방에 그린 프레스코화가 있다.

니다. 원래 가톨릭교회에는 은혜를 뜻하는 라틴어 '인둘겐티아
(indulgentia)'라는 표현이 있습니다. 우리말로 '대사(大赦)'라고 하
죠. 고해성사로 죄를 뉘우친 후에 그 죗값, 즉 벌을 받아야 하
는데 이것을 교황이나 주교가 지정해 줍니다. 뉘우침의 행위

를 통해 남은 벌이
면죄되는 것이죠. 따
라서 면죄부는 '대
사'라고 하는 것이
맞아요. 또 눈여겨
봐야 할 것은 산피
에트로 대성당 공사
이전에 이미 면죄부
가 존재했었다는 점
이에요. 문제는 특별
히 이 시기에 남용
되었다는 점이죠.

　자, 다음으로 자연
스럽게 루터의 95개
조의 반박문 주장으
로 넘어가는데요. 이

교황 율리오 2세　1512년 | 패널에 유화 | 108×87㎝ | 런던, 국립 미술관

교황 레오 10세와 두 추기경 1517~1518년경 | 패널에 유화 | 155×119㎝ | 피렌체, 우피치 미술관

주장의 핵심은 면죄부 판매의 부당성이 아니라 위의 대사를 통해서도 본질적으로 인간을 구원할 수 없다는 점이에요. 루터는 '오직 믿음과 신의 은총에 의해서만' 인간이 구원받을 수 있다고 주장합니다. 제아무리 대사를 통한 선행(기부를 포함)을 하더라도 구원과는 상관이 없다는 것이죠. 하지만 이건 그렇게 간단한 얘기는 아니에요. 결국 대사를 행하는 교황과 가톨릭 교회의 권위를 인정하지 않겠다는 뜻이기 때문이죠. 당시에는 무척 파격적인 주장이었습니다.

이런 상황 속에서 화가 라파엘로가 산피에트로 성당 수석

48

건축가로 죽은 브라만테(Donato Bramante, 1444~1514)의 뒤를 잇게
된 것이지요.

당시 라파엘로는 〈교황 율리오 2세〉〈교황 레오 10세와 두
추기경〉 등을 그리며 이탈리아 르네상스의 최고 예술가로 교
황들의 총애를 받고 있었어요. 율리오 2세는 정치는 물론, 예
술과 학문에도 큰 관심을 가져, 로마를 르네상스 문화의 중심
지로 만든 인물입니다. 율리오 2세 이후 교황 자리에 오른 레
오 10세는 더욱 르네상스의 꽃을 활짝 피웠죠. 그런데 재미있
는 사실은 레오 10세가 15세기 중엽부터 피렌체에서 막강한
정치권력을 휘두른 메디치 가문 출신이라는 것입니다. 잊혔던
피렌체의 메디치 가문이 부활한 것입니다. 라파엘로의 그림
〈교황 레오 10세와 두 추기경〉에서 등장하는 3명 모두 메디치
가문 사람입니다. 그들은 낡은 산피에트로 대성당을 재건축하
는 일과 고대 로마의 문화 유적을 발굴하는 모든 일을 라파엘
로에게 맡겼습니다.

이탈리아의 우르비노 출신인 라파엘로가 로마에 첫 발을
디딘 것은 1508년의 일입니다. 그는 피렌체에서 다빈치의 화
풍을 자신만의 천재적 감각으로 받아들이며 이미 이름을 날
리고 있었어요. 〈마달레나 도니〉 같은 그림은 〈모나리자〉와 매
우 흡사하고, 〈의자의 성모〉에는 보티첼리 원형그림의 전통과

1513~1514년경 | 패널에 유화 | 지름 71㎝ | 피렌체, 팔라티나 미술관

1506년경 | 패널에 유화 | 65×45.8㎝ | 피렌체, 팔라티나 미술관

다빈치·미켈란젤로의 기하학적 구도와 해부학적 지식이 고스란히 드러나죠. 여기에 매우 온화하고 안정된 분위기까지 연출해 로마 교황들은 너도나도 할 것 없이 그를 부르게 됩니다. 예술가적 반항성이나 새로운 창조성보다는 완벽을 기하는 예술적 완성도가 높은 라파엘로를 교황들이 맘에 들어 한 것이지요.

다빈치와 미켈란젤로에 대한 존경, 〈아테네 학당〉

교황 율리오 2세는 라파엘로를 불러서 자신의 바티칸 궁 집무실 벽화를 그리게 합니다. 라파엘로는 여기에 자신의 숨은 재능을 한껏 드러내는데 그 그림이 바로 길이 7미터의 대작 〈아테네 학당〉입니다. 이 그림은 우리가 서양사에서 '르네상스'라고 부르는 시기의 모든 특징을 한꺼번에 보여 주는 명화입니다. 기독교와는 거리가 먼 고대 그리스의 철학자들이 대거 등장한다는 점과 이 그림이 교황의 집무실 벽화라는 사실 모두 르네상스의 의미를 이해하기에 충분합니다. 그리스의 철학도 기독교 안에서 빛을 발할 수 있다는 것이죠.

자, 그럼 〈아테네 학당〉을 자세히 살펴봅시다. 그림 한가운데에는 라파엘로가 존경했던 다빈치를 모델로 한 플라톤과 아리스토텔레스가 걸어 나오며 대화를 나누고 있습니다. 플라

아테네 학당

1510~1511년 | 프레스코 | 가로 약 10.55m | 로마,
바티칸 궁, 서명의 방

톤은 손으로 하늘을 가리키며 순수하고 영원불멸한 존재인 이데아를 설명하고 있습니다. 반면 아리스토텔레스는 오른쪽 팔을 땅 쪽으로 향해 물질세세를 중시하는 모습을 보여 주고 있어요. 플라톤 옆에는 올리브색 옷의 소크라테스가 보이고 그 옆에는 투구를 쓰고 갑옷을 입은 아테네의 군인 알키비아데스(알렉산더 대왕이라는 주장도 있답니다)도 보이네요. 그 외에도 정신적 쾌락을 추구한 에피쿠로스, 수학의 피타고라스, 금욕주의자 디오게네스, 기하학의 유클리드, 심지어 페르시아의 예언자 조로아스터까지 곳곳에 등장하고 있습니다. 그리고 계단 아래에는 "만물은 유전한다."라는 명언을 남긴 철학자 헤라클레이토스가 턱을 괸 채 사색에 잠겨 있습니다. 헤라클레이토스의 실제 모델은 미켈란젤로라고 해요. 라파엘로는 동시대 라이벌이자 독창적 화풍으로 자신에게 예술적 충격을 안겨 준 미켈란젤로에 대한 존경의 표시로 그를 모델로 그렸다고 합니다.

르네상스의 또 다른 거장, 미켈란젤로

라파엘로가 로마에 도착한 1508년, 이미 크게 명성을 떨치던 미켈란젤로는 교황 율리오 2세의 의뢰로 시스티나 성당의 천장화를 그리고 있었어요. 그는 『구약성서』에 나오는 '천지창조'와 관련된 내용을 여기에 그림으로 표현했지요. 1512년

완성된 천장화를 올려다본 사람들은 길이 40.93미터, 너비 13.41미터에 이르는 엄청난 대작의 위엄에 완전히 압도당했다고 합니다.

재미난 사실은 미켈란젤로는 원래 화가가 아니라 조각가라는 것입니다. 그는 〈다비드〉와 〈피에타〉 등의 조각상을 통해 르네상스의 예술의 범위를 조각으로까지 확대한 인물이었지요. 다빈치처럼 시신 해부로 쌓은 과학적 지식을 바탕으로 죽은 예수의 모습을 실제처럼 조각한 〈피에타〉는 제목처럼 죽은 자식을 껴안고 슬픔에 잠긴 성모의 모습을 형상화해 당대에 유명세를 탔습니다. 이 작품은 〈다비드〉 〈모세〉와 함께 그의 3대 작품 중 하나랍니다.

시스티나 예배당 천장화 1508~1512년 | 프레스코 | 이탈리아 바티칸, 시스티나 예배당

시스티나 예배당 천장화 중 〈천지창조〉 | 1510~1511년 | 프레스코 | 280×570㎝ | 시스티나 예배당 궁륭 사이 여섯 번째 칸

피에타 | 1499년 | 높이 174㎝ | 바티칸, 산피에트로 대성당

조각상에 인간의 영혼과 육체의 순수한 미를 새긴 그의 예술은, 신의 세계를 완벽하게 구현하려는 로마 교황들의 문화적 야심과 잘 맞아떨어졌어요. 따라서 그는 아담의 탄생부터 낙원으로부터의 추방, 그리고 노아의 이야기 등 『구약성서』에 나오는 장면들을 그린 천장화를 통해 가톨릭적 세계관에 입각한 르네상스 예술을 꽃피우게 되지요. 또한 산피에트로 대성당 건축을 담당하던 라파엘로가 1520년 37세라는 젊은 나이에 요절하

자, 그 뒤를 이어 71세의 미켈란젤로가 산피에트로 대성당의 공사를 총감독하게 됩니다. 종교개혁이라는 역사적 소용돌이 속에서도 미켈란젤로는 그림과 조각, 건축 분야 등 다방면에 걸쳐 예술적 재능을 드러낼 수 있었죠.

<최후의 심판>, 찬사와 혹평을 동시에 받다

루터의 95개조 반박문으로 불이 붙은 종교개혁은 루터가 교황 레오 10세의 파문 교서를 불태우면서 일파만파로 번져 갔습니다. 덧붙여 말하자면 교과서에서 따로따로 배우는 르네상스와 종교개혁이 16세기에 연속적으로 일어난 사건이라는 점도 기억해야 합니다.

미켈란젤로(Michelangelo Buonarroti, 1475~1564)

이탈리아의 조각가이자 건축가, 화가, 시인이다. 1505년 율리오 2세의 요청으로 로마에서 시스티나 예배당 천장화에 착수해, 광대한 벽면을 완성했다. 이어 대규모의 율리오 2세 기념 묘비를 만들다가 미완성으로 끝나고, 그 일부인 <모세>, <노예> 등을 남겼다. 1541년 <최후의 심판>을 완성했으나, 그는 결국 모든 것을 바친 자기의 예술도 헛된 것이라 생각하고 절망한 인간의 고뇌를 호소했다. 일생 동안 결혼을 하지 않은 채 소박하고 고독한 생애를 보냈다.

미켈란젤로는 이러한 어수선한 상황 속에서도 로마 교황청을 떠나지 않습니다. 교황 율리오 2세의 무덤을 장식하는 〈모세상〉, 앞에서 언급한 시스티나 예배당의 천장화와 벽화인 〈최후의 심판〉 등이 로마에 머물며 완성한 작품들입니다.

특히 메디치 가문 출신의 교황 클레멘스 7세 때에는 신성로마제국의 용병들에 의해 로마가 함락당하고 무자비한 약탈에 시달립니다. 한때 이탈리아 르네상스가 로마에서 전반적으로 살아나는 것처럼 보였지만 이 사건으로 오히려 교황권이 급격히 축소되는 계기가 됩니다. 더구나 영국의 절대주의를 열게 될 헨리 8세가 이 클레멘스 7세의 반대에도 불구하고 왕비인 캐서린과 이혼함으로써 교황의 권위는 더욱 약화됩니다(이 부분은 '한스 홀바인'에서 자세히 알아보죠). 그런 사건들을 겪으며 자신의 통치를 성찰하던 교황은 〈최후의 심판〉을 그리기로 결정했습니다. 이 그림은 가톨릭의 내부 개혁*을 추진하며 엄격한 군대식 규율로 조직된 예수회를 승인한 바오로 3세 때에 완성됩니다. 이 그림에 감탄한 교황은 무릎을 꿇고 "주여, 심판의 날에 저의 죄를 묻지 말아 주소서"라고 했다는군요.

그러나 미켈란젤로가 늘 칭찬과 감탄만 받은 것은 아닙니다. 그의 그림이나 조각은 대부분 실오라기 하나 걸치지 않은

최후의 심판 | 1535~1541년 | 프레스코 | 17×13m | 시스티나 예배당, 제단 위 벽 전체

누드화가 대부분입니다. 이 때문에 교황청에서는 〈천지창조〉의 그림이 불경하다는 이유로 없애 버리려고 했으며 이단 심문소(종교 재판소)를 만든 교황 바오로 4세는 〈최후의 심판〉을 제거하겠다며 미켈란젤로에게 으름장을 놓기도 했습니다. 왜 미켈란젤로는 신성한 그림 속에 누드 그림을, 그것도 주로 울퉁불퉁 근육질의 남성을 주로 그린 것일까요? 르네상스 시기에는 인간이 만물의 척도이고 우주의 중심입니다. 여기서 말하는 '인간'은 아담의 갈비뼈로 만들어진 여성이 아닌 성서에서 신의 형상을 본떠 만들어졌다는 '아담', 즉 남성이기 때문 아닐까요? 이런 표현 때문에 불경죄 혹은 이단으로까지 몰린 미켈란젤로는 어떻게 반응했을까요? 1550년에 완성한 〈십자가에 못 박힌 성 베드로〉는 이에 대한 그의 항변처럼 보입니다. 조각가이자 화가인 그는 말이 아닌 그림으로 자신의 입장을 나타냈습니다. 거꾸로 매달린 예수의 제자이자 초대 로마 교황인 베드로와 같은 초심으로 돌아가라고 말이죠. 한마디로 당신들이나 잘하라는 것이지요.

이런 그도 사실 남몰래 정치적으로는 공화정을 꿈꾸기도 했습니다. 그가 초창기에 만든 4미터 크기의 거대한 〈다비드〉와 이 조각상 맞은편에 세우려 기획했던 〈헤라클레스〉 그리고 1542년 대리석으로 만든 〈브루투스〉 등은 모두 정치적 자유

와 공화정을 상징하는 인물을 조각한 것
들이지요. 특히 〈다비드〉는 피렌체 시청
입구에서 공화국의 애국심을 고취시키는
예술품이었습니다. 당시 이탈리아는 수
많은 도시국가로 분열되어 있었습니
다. 그러나 피렌체는, 메디치 가문
의 지배를 받거나 한때 종교적 지
배를 받기도 했지만 기본적으로
자유로운 공화정을 지향한 당대
유럽의 최고 도시국가였지요. 물론
피렌체의 공화정이 오늘날 우리나
라나 미국의 공화정과 같진 않습니다.
주권이 시민 모두에게 있는 것도 아니었
죠. 사실 서양의 전통적인 길드*처럼 선출
된 대표가 운영하는 정도였습니다. 그래도
당시로서는 꽤 선진적인 정치체제였지요.

　미켈란젤로는 로마 교황청의 주문을 묵
묵히 받아 내면서도 남몰래 공화정과 같은
정치적 자유를 지향한 것은 아닐까요? 실
제 '공화정'은 프랑스혁명을 거쳐 오늘날까

다비드 1501~1504년 | 대리석 | 높이 4.34m
| 피렌체 아카데미아 미술관

지 서양 근·현대사를 이해하는 중요한 키워드이기도 합니다.

한편, 이탈리아의 르네상스는 미켈란젤로와 라파엘로를 정점으로 내리막길로 접어들게 됩니다. 이제 르네상스의 중심과 그 영향은 종교개혁과 함께 맞물리며 알프스 이북으로 넘어갑니다.

* **길드** 중세 도시가 성립·발전하는 과정에서 중요한 역할을 한 상공업자의 동업자 조직이다.

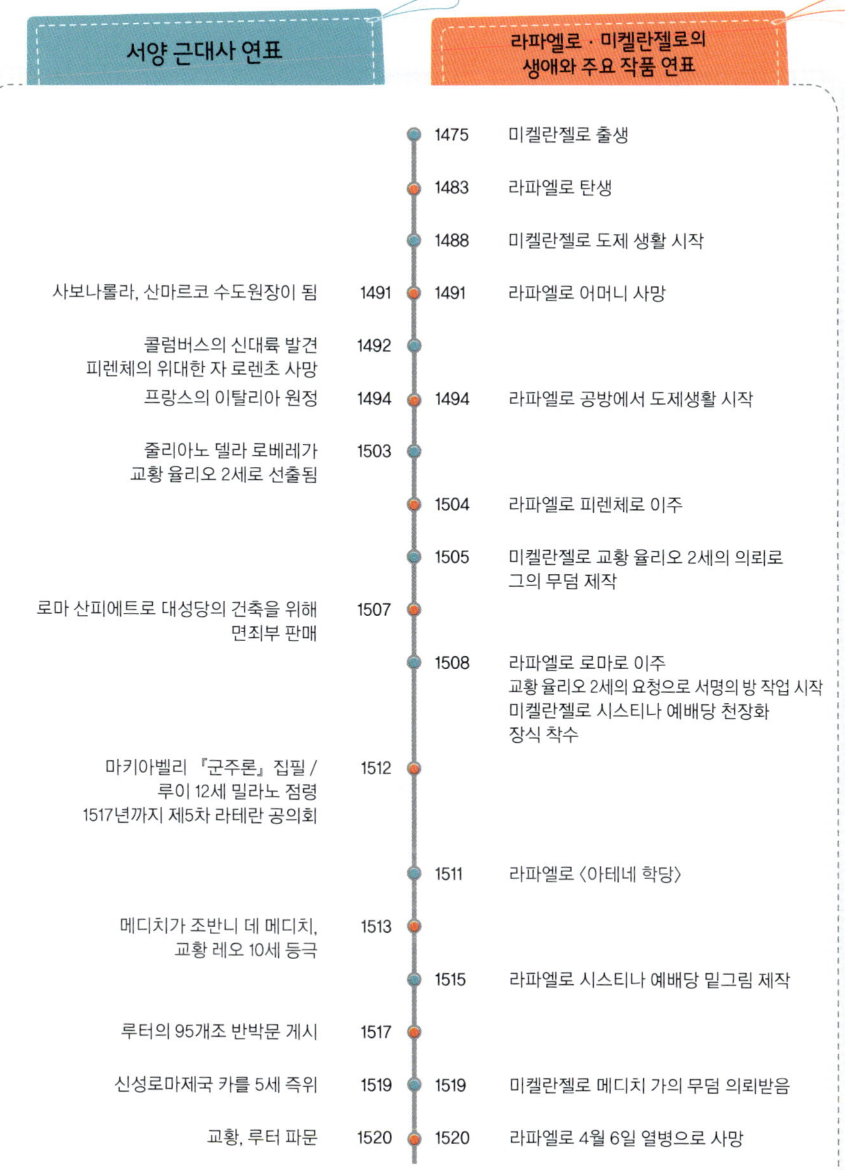
서양 근대사 연표
라파엘로 · 미켈란젤로의 생애와 주요 작품 연표

1475 미켈란젤로 출생

1483 라파엘로 탄생

1488 미켈란젤로 도제 생활 시작

사보나롤라, 산마르코 수도원장이 됨 1491 1491 라파엘로 어머니 사망

콜럼버스의 신대륙 발견 1492
피렌체의 위대한 자 로렌초 사망
프랑스의 이탈리아 원정 1494 1494 라파엘로 공방에서 도제생활 시작

줄리아노 델라 로베레가 1503
교황 율리오 2세로 선출됨

1504 라파엘로 피렌체로 이주

1505 미켈란젤로 교황 율리오 2세의 의뢰로
그의 무덤 제작

로마 산피에트로 대성당의 건축을 위해 1507
면죄부 판매

1508 라파엘로 로마로 이주
교황 율리오 2세의 요청으로 서명의 방 작업 시작
미켈란젤로 시스티나 예배당 천장화
장식 착수

마키아벨리 『군주론』 집필 / 1512
루이 12세 밀라노 점령
1517년까지 제5차 라테란 공의회

1511 라파엘로 〈아테네 학당〉

메디치가 조반니 데 메디치, 1513
교황 레오 10세 등극

1515 라파엘로 시스티나 예배당 밑그림 제작

루터의 95개조 반박문 게시 1517

신성로마제국 카를 5세 즉위 1519 1519 미켈란젤로 메디치 가의 무덤 의뢰받음

교황, 루터 파문 1520 1520 라파엘로 4월 6일 열병으로 사망

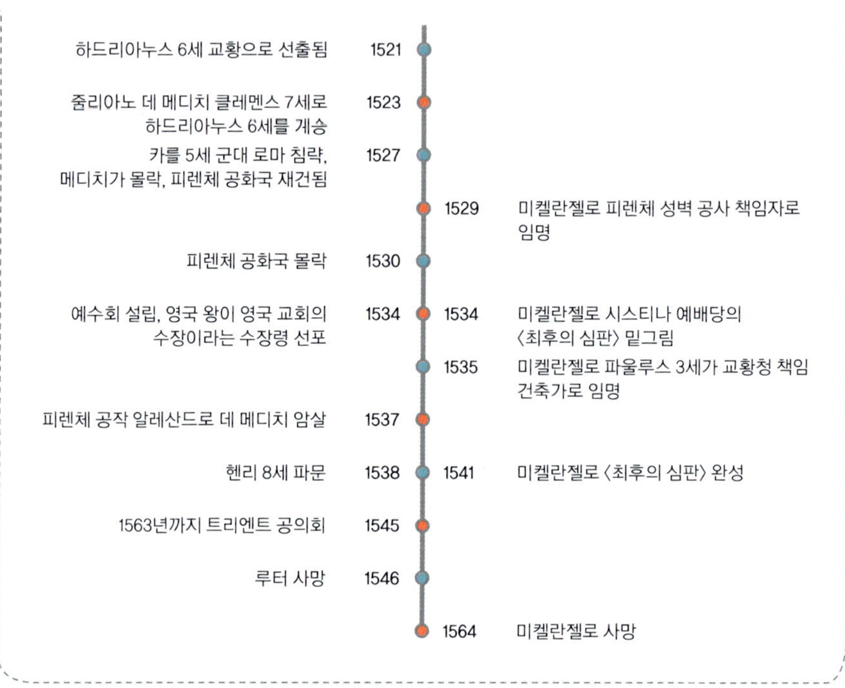

E. H. 곰브리치, 백승길·이종숭 옮김, 『서양 미술사』, 예경, 2002

김웅종, 『서양사 개념어 사전』, 살림출판사, 2008

노성두, 『돌에서 영혼을 캐낸 미켈란젤로』, 아이세움, 2001

노성두, 『유혹하는 모나리자』, 한길아트, 2001

노성두, 『창조의 수수께끼를 푼 레오나르도 다 빈치』, 아이세움, 2002

노성두·이주헌, 『노성두 이주헌의 명화읽기』, 한길아트, 2006

니콜로 마키아벨리, 강정인 옮김, 『군주론』, 까치, 2001

배영수, 『서양사강의』, 한울아카데미, 2002

설혜심, 『서양의 관상학 그 긴 그림자』, 한길사, 2002

시오노 나나미, 김석희 옮김, 『르네상스의 여인들』, 한길사, 2002

시오노 나나미, 오정환 옮김, 『나의 친구 마키아벨리』, 한길사, 2002

시오노 나나미, 오정환 옮김, 『체사레 보르자 혹은 우아한 냉혹』, 한길사, 2001

시오노 나나미, 정도영 옮김, 『바다의 도시 이야기 (상) (하)』, 한길사, 2002

신준형, 『천상의 미술과 지상의 투쟁』, 사회평론, 2007

앤소니 휴스, 남경태 옮김, 『미켈란젤로』, 한길아트, 2003

요한 하위징아, 『중세의 가을』, 문학과지성사, 1997

이바르 리스너, 김동수 옮김, 『서양: 위대한 창조자들의 역사』, 살림출판사, 2005

찰스 니콜, 안기순 옮김, 『레오나르도 다 빈치 평전』, 고즈윈, 2007

크리스토프 퇴네스, 이영주 옮김, 『라파엘로』, 마로니에북스, 2007

클라우디오 메를로, 노성두 옮김, 『르네상스의 세 거장』, 사계절, 2003

한스 크리스티안 후프, 김수은 옮김, 『교황들』, 동화출판사, 2009

르네상스

　　로마제국이 번성하던 시기에 세워진 이탈리아 도시 피렌체. 이곳은 모직물과 상업으로 번성해 12~13세기에 이미 독립적인 도시국가로 발전하게 됩니다. 그리고 14~16세기에 이런 피렌체와 같은 도시국가를 중심으로 르네상스가 등장합니다. 르네상스는 좁게는 문예 활동과 작품을, 넓게는 이 시대를 구분하고 나타내는 역사적 용어입니다.

　　재생이라는 뜻을 가진 르네상스의 말 그대로 고대 로마의 흔적이 남아 있는 피렌체에서 그리스와 로마 문화는 다시 꽃피게 됩니다. 기독교적 질서로 가득 찬 중세에도 수도사들이 고대 문헌을 보관하며 고전 연구를 해 왔습니다. 하지만 이 시기에는 이와는 전혀 다른 세계관과 태도, 즉 신이 아닌 인간이 역사의 전면으로 등장했다는 점에서 중세와 구분할 수 있습니다.

　　'후미니티스'라고도 하는 인문주의의 향연이 이 시기에 시작됩니다. 그런 점에서 혹자는 르네상스를 '유럽 문화의 어머니'라 비유하기도 했습니다.

　　'최초의 근대인'이라고 불리는 14세기 인문주의자 페트라르카

(Francesco Petrarca, 1304~1374)는 개개인의 내면세계에 관심을 가졌습니다. 하지만 독창적인 것은 아니었습니다. 그가 늘 들고 다녔던 책은 고대 로마의 아우구스티누스의 『고백록』이었거든요. 그는 천상의 왕국이 아니라 인간의 영혼을 성찰했고 그 속에서 서정적인 감정까지도 끄집어냈지요. 이와 함께 단테는 1321년 『신곡』을 통해 형식과 내용 모두에서 새로운 시대를 예고합니다. 기존에 쓰이던 라틴어가 아닌 이탈리아 토스카나 방언을 쓰면서 기존 체계에 대한 신선한 도전을 시작한 것입니다. 내용에서도 이러한 점이 드러납니다. 지옥과 천국을 여행하며 천상의 구원에 대해 다루는 동시에 지상에서의 행복 또한 연인 베아트리체를 통해 표현했습니다. 한편 보카치오는 1350년의 『데카메론』을 통해 기독교 세계에 대한 풍자와 함께 인간의 쾌락을 강조했습니다.

이렇게 르네상스는 인문주의적 문학 작품으로 시작해 레오나르도 다빈치, 미켈란젤로, 라파엘로 등의 미술 작품을 통해 완성되었습니다. 그런가 하면 마키아벨리는 1513년 『군주론』을 저술하며 기독교 윤리와 무관하게 인간의 정치 행위를 해부하기도 했습니다. 이를 통해 시민에 의한 공화정과 주권 개념, 근대적 애국심이 유럽에 전파됩니다.

여기에 빼놓을 수 없는 것이 당대 이러한 문예 활동이 가능했던 구조적 원인이 어디에 있었냐는 것입니다. 그것은 바로 중세적 질서의 지배층이 아니라 신흥 상공업자와 도시국가라는 유럽의 특수한 역사에서 찾을 수 있습니다. 어떤 이는 이를 '상인 공화국'이라고 부르기도 합니다. 여기에는 훗날 유럽이 세계사적으로 압도하게 되는 민주주의 공화국가 체제와 자본주의 경제체제라는 두 축이 모두 응축되어 있지요. 이런 사회 경제적 배경 속에서 르네상스는 단순한 예술 활동을 넘어 하나의 시대로 오늘날 우리에게 역사적으로 다가오게 됩니다.

한편으로 인쇄술의 발달과 신항로의 개척, 자연과학과 세계관의 변화 등이 맞물리며 유럽은 자신들의 중세를 뛰어넘어 근대 세계를 열어가게 됩니다.

2부

화가, 종교개혁을 그리다

오랜 기간 동안 서양 사회는 기독교적 세계관과 그 핵심에 위치한 로마 교황청을 중심으로 움직였습니다. 하지만 그것이 한계에 도달한 시점에 내부에서부터 개혁을 내세우며 기존의 틀을 박차고 나갑니다.

루터와 칼뱅 등에서 시작된 종교개혁 운동이 유럽을 휩쓸었으며, 이로 인해 서양 사회는 정치와 경제적으로 큰 변화를 겪으며 국가적인 틀 자체가 바뀝니다.

16세기와 17세기 서양의 역사는 종교개혁을 중심으로 이해할 수 있습니다. 이 속에서 왕권신수설과 절대주의 국가가 나타나기도 하지요. 미술사적으로는 르네상스의 뒤를 이어 바로크 미술 양식이 크게 유행하게 됩니다.

2부에서는 홀바인과 브뤼헐, 그리고 루벤스와 렘브란트를 통해 이 시기 종교개혁 운동이 어떻게 유럽 각지에서 펼쳐졌으며, 그로 인해 서양은 어떤 모습으로 변해 갔는지 살펴보겠습니다.

종교개혁 광풍의 증인이 되다

초상화와 달리 아름답지 못한 신부

예나 지금이나 연애결혼이 아니라면, 우선 상대자의 외모를 보고 싶은 게 인지상정일 거예요. 그래서 중매로 배우자를 만날 때는 무엇보다 먼저 상대방의 사진을 교환하지요. 그런데 만약 사진 속 인물이 너무나 매력적이어서 결혼까지 약속했는데 정작 만나 보니 사진과 너무나 딴판이라면, 여러분은 그 결혼을 어떻게 할 건가요?

지금부터 초상화만큼 아름답지 못한 신부의 모습에 화가나 그만 이혼을 하고 만 헨리 8세와, 그 초상화를 그린 한스 홀바인을 만나 봅시다. 헨리 8세는 이 결혼을 추진한 신하를 대역죄로 처형했는데, 초상화를 그린 한스 홀바인은 운 좋게도 살아남았다고 해요. 이 결혼을 비롯해, 헨리 8세는 개인적인 사랑과 왕위 계승 자리를 얻기 위한 목적으로 6명의 아내

를 맞이합니다. 그 결과 영국 국교회(성공회)를 성립하고,
절대왕정*의 기틀을 마련하죠.

에라스무스와 토마스 모어의 후원을 받다

르네상스가 시작된 이탈리아에서는 자유롭고 현
세적이며 예술적인 분위기가 널리 퍼져 있었어요. 하지만 알
프스 이북의 북서 유럽은 이탈리아에 비해 중세적 지배구조
와 교회의 힘이 강했기 때문에 문제도 많았어요. 따라서 이곳
의 르네상스는 종교개혁의 큰 영향을 받아 기존 종교와 사회
의 부도덕한 면을 풍자하는 날카로운 현실 비판적 성향이 강
했죠. 이를 대표하는 사람이 바로 인문주의자 에라스무스입니

한스 홀바인 (Hans Holbein, 1497~1543)

16세기 독일 르네상스를 대표하는 화가로 영국 헨리 8세의
궁정화가로 활동했다. 인물의 심리를 꿰뚫는 통찰력과 정
확한 사실주의적 묘사에 힘입어 역사상 가장 위대한 초상
화가로 평가받는다. 대표작으로 〈영국 왕 헨리 8세의 초상〉
〈대사들〉 등이 있다.

로테르담의 에라스무스 초상　1523년 | 나무에 유화 | 73.6×51.4cm | 런던, 개인 소장, 국립 미술관에 영구 대여

다. 그는 그 당시 사회를 풍자한 『우신예찬』에서 어리석음의 신(우신(愚神))인 모리아를 통해 교황청의 부패와 일반 서민들의 어리석은 미신 행위 등을 맘껏 조롱합니다. 그러면서 광기와 어리석음이 때론 많은 사람들을 행복하게 만든다고 익살스럽게 얘기했죠. 결국 기존의 부와 특권을 누리는 교회를 비판하고 기독교의 근본 윤리로 돌아갈 것을 추구한 것이 에라스무스의 인문주의랍니다.

상업 도시 아우구스부르크에서 태어나 1515년경 바젤*에서 화가 생활을 시작한 독일 화가 한스 홀바인은 그 당시 40만 부나 팔린 베스트셀러 『우신예찬』의 삽화를 그리며 에라스무스와 인연을 맺습니다. 그리고 뒤에는 에라스무스의 초상화도 그릴 정도로 친분을 쌓고, 그의 후

* **바젤** 스위스 제2의 도시로, 프랑스·독일의 국경과 접해 있음. 독일의 통치 아래 있다가, 1501년 스위스 연방에 가입했음.

원을 많이 받게 되죠. 초상화 속 에라스무스는 늘 모피를 댄 외투를 입고 있는데, 그 이유는 그가 추위를 많이 탔기 때문이라고 해요.

바젤에서 가장 바쁜 화가였던 홀바인은 '독일의 라파엘로'라고 불리며 명성을 떨쳤어요. 그 당시 바젤에서는 '우상 파괴'라는 명목으로 여러 종교화가 훼손되었는데, 그의 그림 〈다름슈타트의 성모〉만은 무사했다고 합니다. 이 그림에서는 조개껍질 모양의 휘장 앞에 서 있는 성모가 중심 인물이에요. 보티첼리의 〈비너스의 탄생〉에도 기독교(성 야고보)를 상징하는 조개가 나오는데, 알프스 이북에서는 조개가 이런 형식으로 표현된다는 사실을 확인할 수 있지요.

하지만 바젤이 종교개혁의 회오리에 휩쓸리자, 홀바인은 1526년 에라스무스의 추천서를 받아 영국으로 건너갑니다. 거기서 그는 에라스무스의 친구인 토마스 모어의 집에 머무는데, 모어는 『유토피아』라는 책을 지은 사람입니다. 이 책에서 그는 모든 사람이 재산을 공유하며 6시간의 노동만으로도 생산과 복지가 완벽하게 가능한 이상 사회를 이야기합니다. 그리스어에서 유래한 '유토피아'는 현실에서는 불가능한 이상 사회를 뜻합니다. 이 말에는 '어디에도 존재하는 않는 곳'이라는 의미가 담겨 있지요. 홀바인은 토마스 모어의 초상화도 그렸

어요. 사실감을 최대한 살린 그의 초상화 솜씨는 영국의 귀족

사회에서도 빠르게 인기를 얻게 됩니다.

　에라스무스와 모어의 추천으로, 1533년 홀바인은 마침내

다름슈타트의 성모 | 1526~1530년 | 나무에 유화 | 146.5×102㎝ | 다름슈타트 성, 헤센 ·
라인 영주의 컬렉션 소장

토머스 모어 경의 초상 | 1527년 | 나무에 유화 | 74.2×59㎝ | 뉴욕, 프리 컬렉션

영국 왕 헨리 8세의 초상 | 1536~1537년경 | 나무에 유화 | 27.5×17.5㎝ | 마드리드, 티센 보르네미사 미술관

영국의 '옥타비아누스*'로 불린 헨리 8세의 궁정화가가 됩니다. 여기서도 그의 주된 업무는 왕실의 초상화를 그리는 것이었죠.

  홀바인이 그린 헨리 8세의 초상화를 한번 보세요. 키가 190센티미터나 되었던 헨리 8세는 빼어난 미남에 당대 최고의 베스트 드레서로 뽑힐 정도로 매력적인 왕이었습니다. 또한 가톨릭 신앙이 철저하고, 신학과 철학에 조예*가 깊을 뿐 아니라 라틴어에도 능통했지요. 그의 튜더

* **옥타비아누스** 고대 로마의 초대 황제로, 정치를 잘해서 로마에 평화가 정착하는 데 큰 기여를 했다.

* **조예** 학문이나 예술, 기술 등의 분야에 대한 지식이나 경험이 깊은 경지에 이른 정도.

왕조는 헨리 7세 때부터 중앙집권화를 추구하며 귀족들을 포섭했습니다. 또한 지방에서 서서히 등장한, 대토지 기반의 목양산업(엔클로저운동)으로 부를 형성한 젠트리(중소지주) 계층을 지방의 치안과 형사재판을 담당하는 '치안판사'로 임명하면서 영국식 절대왕정을 만들어 나갑니다.

헨리 8세, 국교회를 성립시키다

문제는 이렇게 튜더 왕조의 절대왕정이 형성되는 과정에서 헨리 8세의 개인적 욕망도 컸다는 사실입니다. 그는 병으로 갑자기 죽은 형 아서를 대신해 왕위를 계승하면서, 형과 결혼한 지 얼마 되지 않은 형수와 결혼합니다. 형수는 아라곤(훗날의 에스파냐)에서 온 캐서린이었는데, 그녀는 콜럼버스를 후원한 이사벨 1세 여왕의 딸이자 뒷날 유럽의 최강자가 된 신성로마제국을 이끈 카를 5세의 이모이기도 했지요. 따라서 영국 왕실의 입장에서 이 결혼은 나라의 안정과 평화를 위한 필수적인 선택이었어요. 사실 헨리 8세가 그녀를 남몰래 사랑하기도 했고요.

결혼한 뒤 캐서린과 헨리 8세 사이에는 6명의 아이가 태어납니다. 하지만 안타깝게도 메리라는 딸만 빼곤 모두 일찍 세상을 떠나게 되죠. 왕위를 계승할 아들이 태어나지 않고 캐서린도 점점 나이를 먹게 되자, 헨리 8세는 앤 불린이라는 새로운 여자와 사랑에 빠집니다. 결국 헨리 8세는 앤과의 결혼을 위해 캐서린과 이혼을 결심합니다. 그제야 10여 년을 함께 산 조강지처가 실은 형수였다며 트집을 잡은 거예요.

하지만 메디치가 출신의 로마 교황인 클레멘스 7세는 신성 로마제국 카를 5세의 눈치가 보여 이 이혼을 인정하지 않습니다. 또 영국 내부에서도 신실한 가톨릭 신자이자 대법관이었던 토마스 모어의 강력한 반대에 부딪쳤고요. 그런데도 헨리 8세는 캐서린과 이혼하고 앤과의 결혼을 밀어붙입니다. 이 결혼을 계기로 로마 교황청과 결별하는 동시에, 자신이 영국 교회의 수장이 되는 '국교회(성공회)'를 성립시킵니다. 또한 수도원을 해산시키고 토지를 몰수해 영국 왕실의 재정적 기반을 닦는 등, 그 당시의 개인적인 결혼 문제를 종교개혁과 결부시켜 영국 절대왕정의 기틀을 마련하죠.

이 결혼에 반대했던 토마스 모어는 결국 반역죄로 체포되고 단두대에서 최후를 맞이합니다. 사형 집행 직전, 그는 망설이는 집행인에게 "내 목은 짧으니 조심해서 자르게."라고 태연히 농담을 건넸다는 일화도 전해집니다. 반면 앤 불린의 초상화를 그렸던 홀바인은 결혼식 날 그녀가 지나가게 될 런던의 거리를 화려하게 꾸며, 앤 불린을 감동시켰다고 합니다.

헨리 8세가 캐서린과 이혼하고, 신교도 측의 지지를 받고

대사들 1533년 | 나무에 유화 | 207×209.5㎝ | 런던, 국립미술관

있던 앤 불린과 결혼하자 유럽 세계는 발칵 뒤집힙니다. 교황
청을 무시한 행동에 발끈한 교황은 그를 파문했고, 영국은 유
럽 전체를 상대로 전쟁을 치를 위기에 놓였습니다. 이런 어수선
한 상황을 막아 보기 위해 동맹국 프랑스의 왕 프랑수아 1세는
영국에 대사를 파견합니다. 한스 홀바인이 그린 〈대사들〉에서
왼쪽에 서 있는 사람이 바로 프랑스 대사인 '장 드 댕트빌'이고,
오른쪽은 그의 친구인 주교 '조르주 드 셀브'입니다. 이 그림에
는 당시의 상황이 은유적으로 묘사돼 있어요.

그림 가운데에는 2단 탁자가 있고, 위층에는 해시계 등 천
체를 연구하는 도구가 놓여 있어요. 해시계엔 헨리 8세가 로
마 교황청과 결별하고 캐서린과 이혼한 날짜와 이혼서에 서명
한 시간이 쓰여 있죠. 한편 1단에는 목이 부러진 류트[*]
가 있네요. 현악기인 류트는 보통 화합과 조화를 상징
합니다. 따라서 부러진 류트는 그 당시 신·구교 간의
갈등을 의미합니다.

또 그림의 가운데 아래쪽에는 대각선으로 길게 늘어진 물
체가 있어요. 그림을 제대로 보면 큰 해골이 됩니다. 해골은
대사의 베레모에 달린 장식 단추에도 있어요. 그림을 그린 홀
바인의 이름도 사실 '텅 빈 해골'이란 뜻이라는군요. 그렇다
면 홀바인은 이 그림에 '그 당시 떠들썩한 결혼 속에 누군가의

죽음이 있고, 사실 이 모든 것은 헛된 일이다.'라는 본인의 속마음을 표현한 건 아닐까요?

하지만 요란하게 결혼한 앤 불린과의 행복도 오래가진 않았어요. 앤 불린이 딸만 낳자, 헨리 8세는 불만을 터트립니다. 그리고 그녀를 반역죄 등의 명목으로 처형하고 이번에는 앤 불린의 시녀였던 제인 시모어와 결혼했죠. 헨리 8세가 가장 사랑했던 아내로 불리는 그녀는 모든 면에서 앤 불린과 정반대였다고 전해집니다. 앤 불린이 까만 머리와 눈동자를 가진 열정적이고 감성적인 성격의 소유자였다면 제인 시모어는 금발의 온화한 여성으로 헨리 8세를 위한 조언을 조용히 올렸다고 하네요. 또한 헨리 8세가 고대해 마지않았던 아들도 낳지만, 정작 제인 시모어는 해산의 후유증으

제인 시모어의 초상 1536~1537년 | 나무에 유화 | 60×40.5㎝ | 빈, 미술사박물관

로 곧 사망하고 맙니다. 제인 시모어와 에드워드 왕자의 모습
은 홀바인의 붓을 통해 오늘날까지 확인할 수 있답니다.

웨일스 왕자 에드워드의 초상 1536~1537년경 | 나무에 유화 | 27.5×17.5cm | 마드리드, 티센 보르네미사 미술관

밀라노 공작부인 덴마크의 크리스티나 초상   1538년경 | 나무에 유화 | 179×82.65㎝ | 런던, 국립 미술관

헨리 8세를 웃고 울게 만들다

헨리 8세는 제인 시모어가 죽은 뒤에도 또 다른 왕비를 맞아들이기 위해 분주히 움직입니다. 그 당시 유럽의 강자였던 신성로마제국과 맞설 수만은 없었기에, 그는 카를 5세의 조카이자 밀라노 공작의 미망인이었던 덴마크의 크리스티나를 왕비로 맞이하려 합니다. 헨리 8세는 홀바인을 보내 그녀의 초상화를 그리게 했는데, 너무나 미인이라 그림만 보고도 사랑에 빠졌다고 하네요. 크리스티나의 초상화를 앞에 두고 악사를 불러 온종일 흥에 겨운 연주를 명했을 정도니까요.

그런데 실제 결혼은 그녀가 아닌 독일의 귀족 클레브스의 앤과 합니다. 프랑스와 신성로마제국이 먼저 동맹을 맺자, 위기에 놓인 헨리 8세가 신교도인 독일과 연합하기 위해 정략적인 결혼을 한 거죠. 그래도 홀바인이 그려 온 앤이 너무나 매혹적이어서, 헨리 8세가 기대를 잔뜩 했다고 해요. 그런데 실물이 너무나 예상 밖이라 울상이 되었죠. 결국 앤과도 이혼을 하고, 그녀를 추천했던 대신은 참형을 당합니다. 하지만 그 그림을 그린 홀바인은 운 좋게도 살아남았죠. 그 뒤로도 헨리 8세는 결혼을 두 번이나 더 해서, 그가

클레브스의 앤 초상 1539년경 | 캔버스 위에 양피지 | 65×48㎝ | 파리, 루브르 박물관

왕위에 있는 동안에 모두 여섯 번이나 왕비가 바뀌게 됩니다.

한편, 영국의 헨리 8세가 사망한 후 제인 시모어가 남긴 왕자가 에드워드 6세로 왕위에 올랐지만 몸이 허약해 16세에 사망합니다. 그의 뒤를 이어 첫째 부인 캐서린의 딸 메리가 왕위에 올라 가톨릭 중심의 정치를 합니다. 에스파냐의 무적함대

를 이끌게 되는 펠리페 2세와 결혼한 그녀는 열렬한 가톨릭 교도로 수많은 신교도를 처형해 '피의 메리'라는 별명을 얻습니다. 그녀가 죽은 후에는 앤 불린의 딸이 엘리사베스 1세로 왕좌에 오릅니다. 그녀는 메리와 정반대로 신교도를 중심으로 정치를 펼쳤고, 에스파냐의 무적함대를 깨뜨리면서 영국을 유럽의 최강자로 만드는 절대군주가 됩니다.

지금까지 살펴본 것처럼 홀바인은 헨리 8세의 총애를 받으며 부와 명예를 누렸어요. 또 영국뿐 아니라 유럽 전역에서 사실적이고 기품 있는 초상화 화가로 이름을 날렸죠. 그래서 당시 독일 등에서 상업으로 성공한 신흥 계층인 부르주아, 즉 시민계급의 초상화도 많이 남기게 됩니다. 인물의 외양을 정확히 그리는 것을 넘어서, 인물의 성격이나 특징까지 드러낸 홀바인의 탁월한 재능 덕분에 우리는 지금도 그 시대의 사람들을 살아 있는 듯 생생하게 만날 수 있습니다.

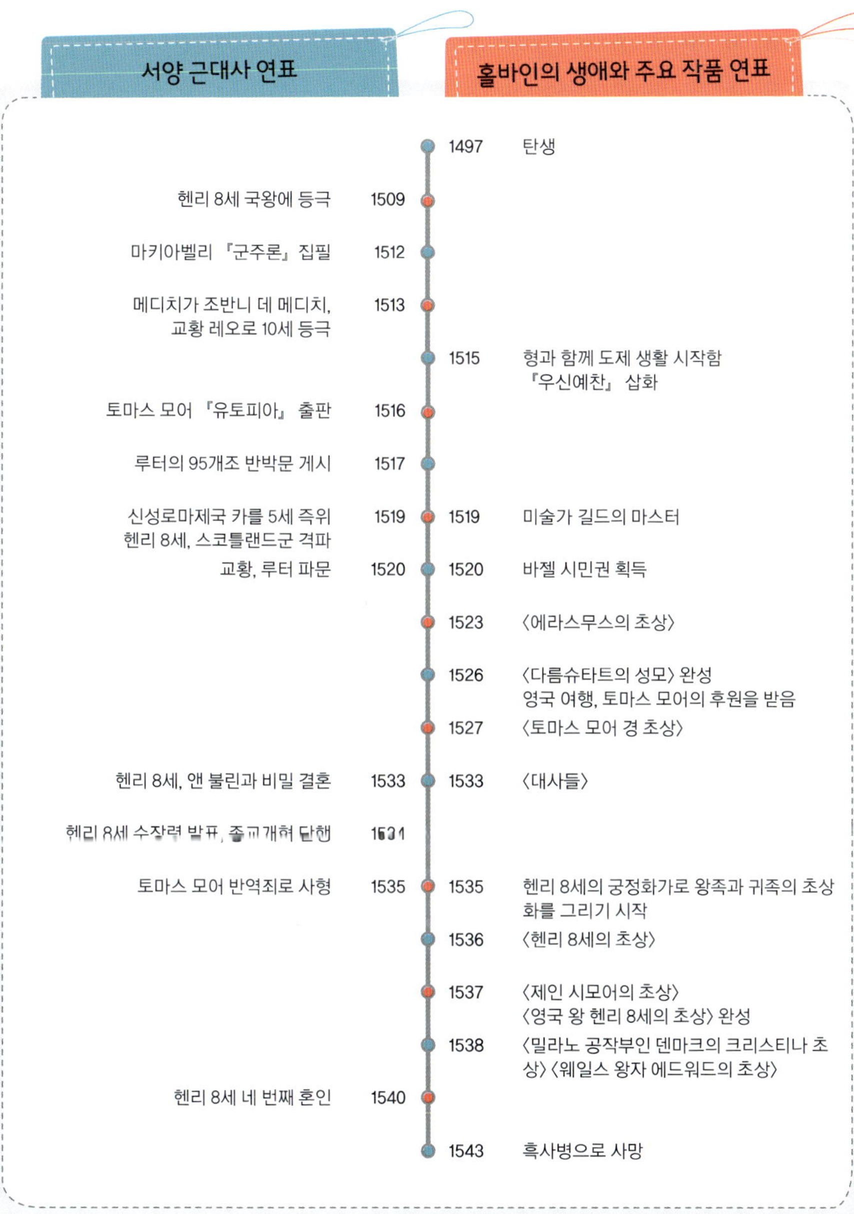

서양 근대사 연표

홀바인의 생애와 주요 작품 연표

1497　탄생

헨리 8세 국왕에 등극　1509

마키아벨리 『군주론』 집필　1512

메디치가 조반니 데 메디치,　1513
교황 레오로 10세 등극

1515　형과 함께 도제 생활 시작함
　　　『우신예찬』 삽화

토마스 모어 『유토피아』 출판　1516

루터의 95개조 반박문 게시　1517

신성로마제국 카를 5세 즉위　1519　1519　미술가 길드의 마스터
헨리 8세, 스코틀랜드군 격파
교황, 루터 파문　1520　1520　바젤 시민권 획득

1523　〈에라스무스의 초상〉

1526　〈다름슈타트의 성모〉 완성
　　　영국 여행, 토마스 모어의 후원을 받음

1527　〈토마스 모어 경 초상〉

헨리 8세, 앤 불린과 비밀 결혼　1533　1533　〈대사들〉

헨리 8세 수장령 발표, 종교개혁 단행　1534

토마스 모어 반역죄로 사형　1535　1535　헨리 8세의 궁정화가로 왕족과 귀족의 초상
　　　화를 그리기 시작
1536　〈헨리 8세의 초상〉

1537　〈제인 시모어의 초상〉
　　　〈영국 왕 헨리 8세의 초상〉 완성

1538　〈밀라노 공작부인 덴마크의 크리스티나 초
　　　상〉 〈웨일스 왕자 에드워드의 초상〉

헨리 8세 네 번째 혼인　1540

1543　흑사병으로 사망

민중의 역사,
그림으로 되살아나다

와플의 나라, 벨기에

오목한 그릇에 달걀과 우유, 설탕, 소금을 넣고, 밀가루와 베이킹파우더를 섞어 반죽을 만들어 보세요. 이것을 격자무늬가 새겨진 두 장의 철판 사이에 붓고 납작하게 구우면, 드디어 겉은 바삭바삭하고 속은 부드러운 맛있는 와플(waffle) 완성! 와플은 유럽에서 열리는 축제에 어김없이 등장하는 인기 만점의 과자입니다. 하지만 아무리 큰 걸 먹어도 금세 소화가 되어 버려서, '실속 없는 음식'이라는 뜻으로도 통하죠. 와플 하면 '벨기에'가 가장 유명한데, 16세기까지만 해도 벨기에라는 나라는 존재하지 않았어요. 지금부터 종교개혁의 소용돌이 속에서 네덜란드가 신교도 국가인 네덜란드와 가톨릭 국가인 벨기에로 나뉘지는 과정을 알아볼까 합니다.

이 시기를 그림으로 증언한 플랑드르*의 화가 브뤼헐의 시

86

선을 따라, 그 당시의 역사와 생활상을 살펴봅시다.

네덜란드, 에스파냐의 지배를 받다

플랑드르 지방, 즉 유럽 북해의 저지대인 이곳은 북
유럽과 지중해, 영국과 라인 지방을 잇는 교통의 십자로에 위
치하기 때문에 예전부터 교역의 중심지였습니다. 특히 브뤼
게, 안트베르펜, 로테르담, 암스테르담 등 일련의 항구들이 강

* 플랑드르 벨기에 서부를 중
심으로 네덜란드 남부와 프랑
스 북부에 걸쳐 있는 지방. 영
어로는 '플랜더스'로, 우리에
게는 『플랜더스의 개』의 공간
적 배경으로 유명함.

두 마리의 원숭이 | 1562년 | 캔버스에 유화 | 20×23㎝ | 베를린 국립 미술관 프로이센 문화유산관 회화관

과 연계해 형성돼 있으면서 상권으로 발전했지요. 16세기 중반, 이곳은 신교도들이 박해를 피해 모여들면서 모직 산업을 중심으로 견직, 조선, 제당 등의 공업이 발달하고 있었어요. 특히 '안트베르펜*'은 그 당시 이미 암스테르담을 제치고 유럽 최고의 무역 중심지로 성장한 상태였죠. 안트베르펜이 급속도로 발전할 수 있었던 것은 포르투갈의 향료 때문이었어요. 오스만튀르크라는 이슬람 세력 때문에 지중해 무역을 할 수 없었던 유럽은 포르투갈과 에스파냐의 신항로 개척을 통해 대서양으로 진출이 가능했지요. 특히 남아프리카의 희망봉을 찾은 바르톨로뮤 디아스가 살던 포르투갈은 이러한 개척을 바탕으로 동방의 향료 교역을 선점하게 됩니다. 그 후 1501년경에는 동방의 계피와 후추 같은 향신료를 실은 배가 리스본에서 안트베르펜으로 들어옵니다. 이곳을 통해 향신료를 중부 및 북부 유럽 등으로 유통시킬 수 있었기 때문이지요.

번화한 항구 도시 안트베르펜의 모습은 이곳에서 활동하던 브뤼헐이 그린 〈두 마리의 원숭이〉에 잘 나타나 있어요. 그림의 주인공은 아프리카에서 들여온 희귀한 빨강 머리 원숭이로, 유럽의 왕족과 귀족들에게 인기 있는 수집품이었어요. 원숭이가 묶여 있는 성벽의 둥근 문 밖으로, 후추·생강·양탄자

등을 실어 나르던 포르투갈 상선과 안트베르펜 항구가 보입니다. 유럽인들은 원숭이만 아프리카에서 포획한 것은 아닙니다. 그들은 대서양 항로를 통해 아프리카의 흑인을 사거나 강제로 납치해 많은 노예를 확보한 후 이들을 다시 무역선에 태워 대서양 저편 아메리카의 농장에 팔기도 했습니다. 서양의 근대화와 신항로 개척이 맞물리면서 동시에 제국주의적 침략과 패권적 모습이 보이기도 하지요.

한편, 이 무렵 플랑드르 지방은 정치적으로는 조금은 어수선했습니다. 우선 당시 이 지방은 에스파냐의 왕이자 신성로마제국의 황제인 카를 5세의 느슨한 지배를 받고 있었어요.

피터르 브뤼헐(Pieter Bruegel, 1525~1569)

북유럽 르네상스의 대표적 화가이다. 1551년 앤트워프의 화가 조합에 들어간 후, 이탈리아·프랑스에서 유학했다. 처음에는 '민간 전설'이라는 속담 등을 주제로 그림을 그렸고, 후에 네덜란드를 억압하는 에스파냐를 종교적 제재로써 극적으로 표현했다. 또한 농민 생활을 애정과 유머를 담아서 사실적으로 표현하기도 해 '농민의 브뤼헐'이라고 불렸다. 대표작으로 〈농가의 결혼식〉 〈눈 속의 사냥꾼〉 등이 있다.

카를 5세의 합스부르크 왕가는 저 멀리 에스파냐에서 오스트리아, 시칠리아, 헝가리까지 엄청난 영토를 차지하고 있었습니다. 하지만 이는 국가 간 정략결혼의 산물이었을 뿐 강력한 중앙집권적 통치를 시행한 것은 아니었기 때문에 '느슨한' 지배였다고 표현한 것입니다. 이런 와중에 카를 5세가 아들인 펠리페 2세에게 에스파냐 왕위를 물려주면서 이 플랑드르 지역에도 문제가 발생합니다.

펠리페 2세는 무적함대를 만들어 세계의 해상권을 장악한 절대군주입니다. 그는 서유럽 세계의 절대적 지존을 꿈꾼 인물이기도 하지요. 그런데 여기에 작은 균열을 내며 도전장을 던진 것이 영국과 네덜란드입니다. 영국은 헨리 8세의 딸인 엘리자베스 1세의 통치 속에서 에스파냐의 무적함대를 격침시키지요.

한편, 여기 플랑드르 지방은 펠리페 2세의 폭압적 통치가 문제의 발단이 됩니다. 그가 지나치게 많은 세금을 거둬들이고, 신교도를 전혀 인정하지 않는 극단적 가톨릭 옹호 정책을 실시하는 등의 포악하고 가혹한 정치를 펼쳤던 거예요. 이러한 상황은 브뤼헐의 그림 〈큰 물고기가 작은 물고기를 잡아먹는다〉에 상징적으로 잘 묘사돼 있습니다. 힘없는 물고기가 큰 물고기의 먹잇감이 되는 것은 우리네 세상사에서도 마찬가

큰 물고기가 큰 물고기를 잡아먹는다 1557년 | 펜과 먹 | 21.6×30.2㎝ | 알베르티나 판화 미술관

지예요. 힘없는 나라는 결국 힘센 나라의 먹이가 되는 수밖에 없지요. 마치 그 당시 네덜란드, 특히 플랑드르가 그랬던 것처럼 말이에요.

플랑드르 지방의 정치적 전통은 원래 '상인들의 자치'였습니다. 게다가 루터와 칼뱅의 종교개혁이 뿌리를 내려 대다수의 사람들이 신교도였지요. 여기에 구 귀족들까지 자극할 정도로 펠리페 2세의 가혹한 통치가 가해지자 플랑드르인들은 신교도, 귀족 할 것 없이 뭉쳐 그에게 저항하며 독립을 꾀합니다. 그러자 펠리페 2세는 에스파냐 군대를 보내 네덜란드인을

영아 학살 | 1556년경 | 오크 패널에 유화 | 116×160㎝ | 빈 미술사 박물관

무자비하게 처형하고 탄압하지요. 이때 에스파냐 군대를 이끌고 네덜란드 총독으로 부임한 사람이 바로 알바 공작입니다. 그는 '피의 재판소'를 만들어 종교재판으로만 8,000명 이상을 죽인 악명 높은 사람이었어요.

브뤼헐의 〈영아 학살〉은 이처럼 수많은 사람을 죽음으로 몰아넣은 에스파냐 군대의 무자비한 모습을 그린 작품이에요. 기원전 4세기 유대의 왕 헤로데스는 베들레헴에서 예수가 탄생했다는 소식을 듣습니다. 예수가 '유대인의 왕'이 될 거라는 예언을 들은 그는, 자신의 자리를 빼앗길까 두려워 2살 이하의 베들레헴 아기들을 모두 죽이라는 명령을 내리죠. 이 그림은 군인들이 헤로데스 왕의 명령을 수행하는 장면을 묘사하고 있어요. 그런데 자세히 보세요. 이 그림 속 군인들은 에스파냐 기마병의 모습을 하고 있습니다. 특히 왼쪽 아래 기마병을 이끄는 흰 수염의 지휘자가 눈에 띄는데, 그가 바로 알바 공작이라고 합니다.

평범한 사람들의 역사, 그림으로 되살아나다

브뤼헐은 이런 정치적 혼란과 종교적 충돌 속에서도 평범한 서민들, 곧 농민들을 대상으로 삼아 다양한 풍속화를 남깁니다. 또 유럽의 자연 풍경을 계절에 따라 그리는 등 풍경화 분야도 개척하지요. 플랑드르 회화에서 브뤼헐의 위치를 잘 보여 주는 것이 이런 부분입니다. 이탈리아 르네상스의 영향을 받아 웅장한 자연 배경을 그리면서 이와 동시에 농민들의 일상적인 모습도 이 속에 오롯이 녹아들어 조화미도 느껴지지요. 더 나아가 우리는 그의 그림을 통해 16세기라는 중세와 근대의 과도기에 유럽 농민들이 어떤 생활을 했는지를 엿볼 수 있어요. 한마디로 서양 유럽의 농민사가 그림을 통해 드러

1565년경 | 패널에 유화 | 114×158㎝ | 프라하, 나로드니 미술관

1565년 | 캔버스에 유화 | 118×163㎝ | 뉴욕, 메트로폴리탄 미술관

나는 것입니다.

〈건초 수확〉이라는 그림을 볼까요? 건초 수확 시기인 7월, 남녀 가리지 않고 모두 건초를 긁어모으는 작업을 하고 있어요. 그림 앞쪽으로 나무 갈퀴를 들고 가는 처녀와 과일을 머리에 이고 가는 사람들도 보이네요. 또 〈밀 베기〉라는 작품에서는 더위가 한창인 늦여름에 농민들이 밀을 베는 광경이 펼쳐집니다. 일에 지쳐 나무 아래에서 잠을 청한 사람도 보이고, 새참을 먹는 사람들도 있군요. 새참이라고 해 봐야 딱딱한 빵과 우유, 물이 전부지만요. 나무 숟가락을 쓰는 농부의 모습도 눈에 띕니다.

한편 사람들은 한겨울 눈 내리는 추운 날씨에도 식량을 마련하기 위해 사냥을 나갑니다. 〈눈 속의 사냥꾼〉에서 사냥꾼들은 여우 한 마리만을 창에 매달고 집으로 돌아오고 있어요. 사냥이 시원찮았는지 그들의 뒷모습이 많이 지쳐 보입니다. 이

94

그림은 근대 서양 미술사에서 최초로 눈 오는 장면을 그린 풍
경화로 알려져 있어요.

　하지만 그 당시 사람들이 이렇게 생계를 위한 일에만 매달
렸던 것은 아닙니다. 〈농가의 결혼식〉과 〈결혼식 무도회〉에서
는 왁자지껄 생기 있게 떠들며 잔치를 즐기는 농부들의 모습
을 볼 수 있어요. 〈농부의 춤〉에도 손잡이가 세 개 달린 벨기
에 특유의 술잔에 맥주를 따라 마시며 즐거운 시간을 보내는

1565년 | 패널에 유화 | 117×162㎝ | 빈 미술사 박물관

농민들이 나오죠.

그림을 하나씩 살펴보면, 〈농가의 결혼식〉은 결혼식 피로연을 그린 작품이에요. 음식은 빵과 죽이 전부이지만, 모두들 음악을 듣고 담소를 나누며 결혼을 축하해 주고 있지요. 문짝에 손잡이를 달아서 만든 상과 그 위의 납작한 죽 그릇이 유럽 농민들의 생활상을 잘 보여 줍니다. 지금 피로연이 열리고 있는 곳은 시골집 곳간이에요. 왕과 귀족이 여는 성대한 교회의

농가의 결혼식 1568년 | 캔버스에 유화 | 144×164㎝ | 빈 미술사 박물관

결혼식과는 거리가 한 참 멀지만, 농민들은 이웃의 결혼을 유쾌하게 축복해 주고 있지요.

결혼식을 축하하는 식사가 끝나면 춤판이 벌어집니다. 〈결혼식 무도회〉에서는 마을 사람들이 백파이프 연주자의 음악에 맞춰 흥겹게

결혼식 무도회　1566년 | 패널에 유화 | 119×157㎝ | 디트로이트 미술관

춤을 추고 있어요. 비록 에스파냐와 싸우고는 있지만 그들은 멋진 패션을 유행처럼 받아들여, 남자들은 허벅지가 착 달라붙은 오늘날의 스키니 바지 같은 하의를 입고 있지요. 또 남성의 용맹과 담력을 상징하던 샅 주머니를 차고 있는 모습이 특이하면서도 재미있습니다.

키르메스라는 기독교 성인(聖人)을 기리는 축제인 '키르메스 축제'에서도 춤은 계속됩니다. 이 장면을 그린 그림이 바로 〈농부의 춤〉이에요. 이러한 축제는 그 자체로 흥겹기도 하지만, 일상에서의 일탈과 휴식 등 긴장을 풀어 주는 기능도 합니다. 그런데 때론 기존 사회의 정치적·종교적 질서에 도전하는

기회가 되기도 했어요. 저항을 하기 전에, 사람들이 먼저 똘똘 뭉칠 수 있는 계기를 마련할 수 있으니까요. 그 당시 에스파냐의 억압에 맞서 싸우던 네덜란드인들을 떠올린다면, 그 시대에 축제가 어떤 역할을 했는지 짐작할 수 있을 거예요.

유럽의 작은 어른, 어린이의 세계

브뤼헐의 그림에서는 그전까지 서양 미술사에 거의 등장하지 않았던 어린이의 모습도 찾아볼 수 있습니다. 중세까지 어린이는 사랑스럽고 어엿한 하나의 인격체가 아니라, 다산(多産)의 결과이자 노동력의 일부일 뿐이었어요. '키가 작은 사람'이라 불릴 정도로 보잘것없는 존재였죠. 그런데 브뤼헐은 아예 아이들만 230명을 등장시켜, 91가지의 놀이를 즐기는 아이들의 모습을 〈아이들의 놀이〉라는 그림으로 표현했어요.

미술사상 최초로 어린이들을 다룬 그림인 〈아이들의 놀이〉에는 굴렁쇠 놀이, 목마 타기, 물총 놀이 등 오늘날 여러분도 한 번쯤 해 보았을 법한 놀이가 총출동합니다. 비록 이 장면이 상상에 지나지 않는다고 이야기하는 사람들도 있지만, 이 그림을 보면 이 시기 아이들이 어떤 놀이를 즐겼는지 손에 잡힐 듯 다가오죠.

브뤼헐에게 어린이는 사계절 가운데 봄을, 그리고 순수와 희망을 상징했어요. 그래서인지 그의 그림에는 어린이가 자주 등장합니다. 앞에서 본 〈농가의 결혼식〉에서는 맨 앞 왼쪽에 어린아이가 바닥에 주

아이들의 놀이   1560년 | 오크 패널에 유화 | 118×161㎝ | 빈 미술사 박물관

저앉아 음식을 먹고 있어요. 순진한 표정으로 접시를 들고 손가락을 빨아 먹는 모습이 귀엽게 느껴지지 않나요? 〈눈 속의 사냥꾼〉에도 빙판에서 썰매나 스케이트를 타고 있는 아이들이 나옵니다. 이 그림 역시 중세에서 근대로 넘어오는 시기에 '어린이의 재발견'이라고 할 정도로 아이들의 세상을 잘 묘사한 작품입니다.

에스파냐의 정치적인 탄압이 계속되는 와중에도, 브뢰헐은 자신의 조국 네덜란드의 상황과 민중의 삶을 그림에 담았어요. 하지만 안타깝게도 알바 공작의 탄압이 한창이던 1569년, 아내와 어린 아들 둘을 남긴 채 짧은 생애를 마쳤죠. 태어난 해가 알려져 있지 않아 정확히 알 수는 없지만, 40년 정도를 살았다고 해요.

그가 죽은 뒤에도 네덜란드 사람들의 저항은 계속됐어요. 그 결과 17세기에 에스파냐를 물리치고 신교도가 중심이었던 북부의 7개 주들이 먼저 독립을 얻어 냈지요. 한편 이들과 달리 주로 가톨릭교도가 많았던 나머지 주들은 에스파냐로부터 자치를 인정받은 뒤, 19세기에 이르러서야 비로소 벨기에 왕국으로 완전히 독립합니다. 그 과정에서 브뢰헐이 주로 활동했던 안트베르펜과 브뤼셀은 오늘날 벨기에의 영토가 되었어요.

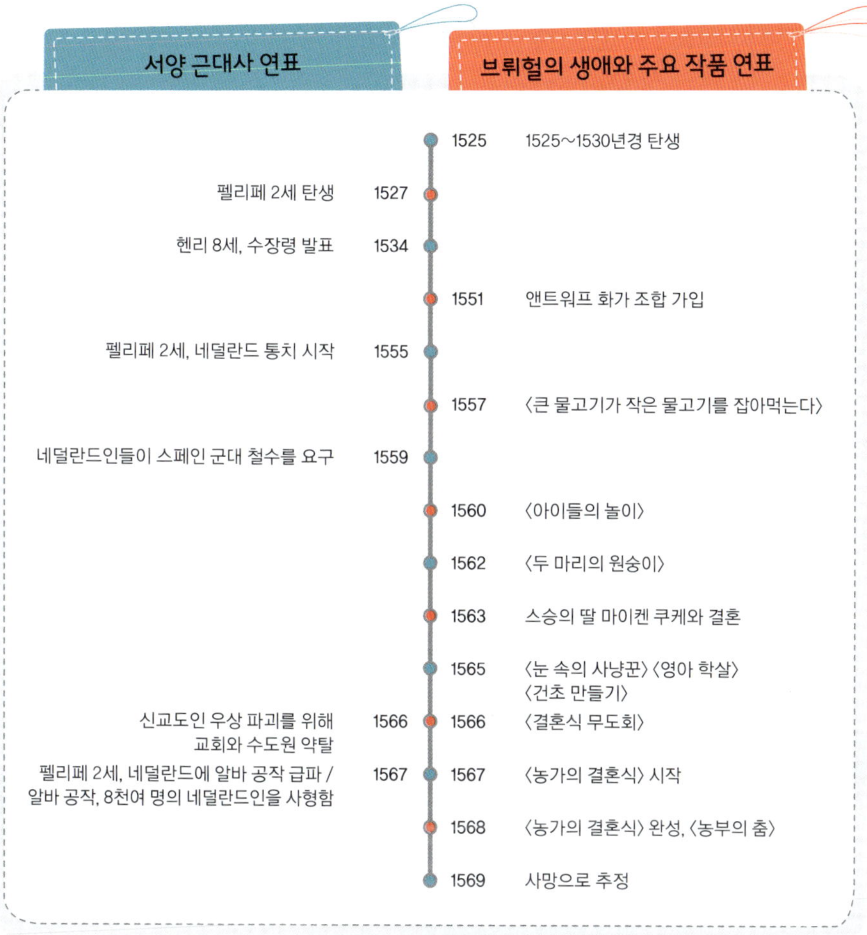

서양 근대사 연표
브뤼헐의 생애와 주요 작품 연표

1525   1525~1530년경 탄생
펠리페 2세 탄생   1527
헨리 8세, 수장령 발표   1534
1551   앤트워프 화가 조합 가입
펠리페 2세, 네덜란드 통치 시작   1555
1557   〈큰 물고기가 작은 물고기를 잡아먹는다〉
네덜란드인들이 스페인 군대 철수를 요구   1559
1560   〈아이들의 놀이〉
1562   〈두 마리의 원숭이〉
1563   스승의 딸 마이켄 쿠케와 결혼
1565   〈눈 속의 사냥꾼〉〈영아 학살〉〈건초 만들기〉
신교도인 우상 파괴를 위해 교회와 수도원 약탈   1566   1566   〈결혼식 무도회〉
펠리페 2세, 네덜란드에 알바 공작 급파 / 알바 공작, 8천여 명의 네덜란드인을 사형함   1567   1567   〈농가의 결혼식〉 시작
1568   〈농가의 결혼식〉 완성, 〈농부의 춤〉
1569   사망으로 추정

30년 전쟁 속에서 권력과 손잡다

자본주의적 시스템을 도입한 바로크의 창시자 루벤스

〈플랜더스의 개〉 속에 숨어 있는 루벤스 그림

여러분 혹시 세계 명작 만화라며 방송된 〈플랜더스의 개〉라는 만화 영화를 기억하나요? 아마 여러분 부모님 세대는 많이들 알고 있을 텐데요, 만들어진 지 오래된 작품이라 촌스러운 느낌도 들지만, 내용은 무척 감성적인 애니메이션이었어요. 부모를 잃고 할아버지와 사는 가난하지만 미술에 천부적 재능을 가진 네로라는 소년은 슬플 때마다 성모마리아 대성당을 찾아 천장에 그려진 〈성모 승천〉을 보며 마음의 위안을 얻습니다. 그런데 이 성당에는 커튼에 가려진 2개의 그림이 있었어요. 〈십자가를 세움〉과 〈십자가에서 내림〉이 그것이었죠. 네로는 이 그림들이 무척 보고 싶었지만, 성당에서는 돈을 낸 사람한테만 그림을 보여 줬답니다. 이런저런 어려움을 겪던 네로는 추위와 굶주림을 견디다 못해 이곳을 찾아, 〈십자가를 세움〉

성모 승천　1626년 | 패널에 유채 | 490×325㎝ | 안트베르펜 대성당

십자가를 세움 | 1610~1611년경 | 캔버스에 유채 |
426×300㎝ | 안트베르펜 대성당

십자가에서 내림 | 1611~1614년 | 목판에 유채 | 420
×310㎝ | 온저 리버 프라우어 교회

과 〈십자가에서 내림〉을 본 뒤 그가 가장 아끼던 파트라슈라는 개를 끌어안은 채 숨을 거둡니다.

이 소년이 그토록 보고 싶어 했던 두 장의 명화를 그린 이는 17세기 플랑드르의 천재 화가 페테르 루벤스입니다. 그런데 정작 이 그림을 그린 그는 부와 명예, 사랑까지도 모두 가진 행운아였어요. '화가들의 왕'이라 불렸던 루벤스의 행복한 삶은 그가 그린 가족의 초상화 속에 고스란히 담겨 있죠. 루벤스는 소설 『삼총사』에서 달타냥을 괴롭히는 인물로 등장하는 리슐리외 추기경과도 정치적 거래를 나누고 그의 초상화를 직

접 그리기도 하죠. 또한 외교관으로 활약하기도 했던 루벤스
의 삶을 통해, 17세기 유럽을 뒤흔든 30년 전쟁, 절대왕정의
성립 등의 역사를 살펴봅시다.

영국과 에스파냐를 화해시킨 외교관 루벤스

　루터와 칼뱅으로 대표되는 신교에 밀렸던 가톨릭 진영도
예수회* 설립과 내부 정화 운동 등으로 16~17세기를
거치며 세력을 회복하게 됩니다. 그러자 교황들은 종교
적 열정과 세력 확대에 다시 몰두하면서, 이런 의지를
반영할 예술을 찾게 되죠. 이는 각국의 왕들도 마찬가지였어
요. 신·구교의 갈등과 전쟁이 한창인 가운데, 자신의 권력을

* **예수회** 1540년에 파리에서
만들어진 남자 수도회로, 가
톨릭의 반성과 혁신을 주장
했음.

페테르 파울 루벤스(Peter Paul Rubens, 1577~1640)

독일 태생으로 17세기 바로크를 대표하는 벨기에 화가이
다. 높은 명성과 많은 제자들에게 둘러싸여 특유의 화려하
고 장대한 예술을 펼쳐 나갔다. 현란한 그의 작품은 감각적
이고 관능적이며 밝게 타오르는 듯한 색채와 웅대한 구도
가 어울려 생기가 넘친다. 초상화, 풍경화, 신화나 사실을 바
탕으로 그린 역사화 그리고 반종교개혁적인 세 폭 제단화가
유명하다.

드러낼 수 있는 예술을 추구합니다.

이런 와중에 감각적이면서도 동적인 표현을 추구하는 바로크 예술이 탄생합니다. 원래 바로크라는 뜻은 '일그러진 진주'라는 의미입니다. '일그러진'의 뜻은 과장되었다는 것이죠. 흔히 '바로크' 하면 프랑스의 베르사유 궁전을 가장 먼저 떠올립니다. 바로크의 종착지였던 베르사유 궁전은 "짐(朕)은 곧 국가다."라고 말했던 절대군주 루이 14세의 왕궁으로, 자신만만하고 콧대 높았던 루이 14세의 모습을 그대로 닮았습니다. 그러면 바로크의 출발지는 어디일까요? 바로 17세기 초 루벤스의 미술입니다. 이는 앞서 말한 〈십자가에서 내림〉과 〈성모 승천〉에서 확인할 수 있어요. 특히 '성모 승천'은 루벤스가 열두 번이나 그렸을 정도로 애착을 가졌던 주제라고 해요. 이 그림에서 가톨릭교도이자 안트베르펜 출신의 화가였던 루벤스가 보여 준 역동성, 거대한 스케일과 숭고미 등이 잘 나타나지요.

그래도 바로크 미술이 무엇인지 잘 와 닿지 않는다고요? 앞에서 우리는 피터르 브뤼헐의 그림을 살펴보았어요. 그 가운데 〈영아 학살〉이라는 작품이 있었는데, 재미있게도 루벤스 역시 같은 제목으로 그림을 그렸답니다. 두 작품을 비교해 보면 바로크 미술이 무엇인지를 눈으로 확인할 수 있어요. 브뤼

페테르 파울 루벤스 作 | 유화 | 302×198㎝ | 뮌헨, 알테 피나코테크 미술관

피터르 브뤼헐 作 | 1556년경 | 오크 패널에 유화 | 116×160㎝ | 빈 미술사 박물관

헐의 그림과는 달리, 루벤스의 그림에서는 사람들의 과장된 행동과 역동성이 유난히 두드러진 것을 알 수 있죠.

그러면 이제 루벤스의 삶을 살펴볼까요? 고향인 안트베르펜을 떠나 이탈리아에 머물던 청년 루벤스는 그의 재능을 눈여겨본 빈첸초 곤차가 공작의 제안으로 만토바 공국[*]의 궁정화가가 됩니다. 천부적인 재능과 공작의 전폭적인 지지에 힘입어 루벤스의 예술은 활짝 피어났고, 명성 또한 날로 높아 갔죠. 에스파냐를 다스렸던 합스부르크 왕가의 통치자들도 그를 아껴서, 루벤스는 에스파냐의 외교관으로까지 활동합니다. 왜 그랬을까요? 그는 자신이 태어난 플랑드르 지역의 평화를 위해 북부 네덜란드와 합스부르크 왕가[*]의 관계를 개선하려고 직접 나섰던 겁니다. 물론 결과는 실패였습니다만.

그는 유럽 각국이 세력 확대를 위해 치열한 다툼을 벌였던 30년 전쟁에도 뛰어듭니다. 1618년부터 1648년까지 독일에서 구교도와 신교도 사이에 벌어진 종교전쟁이 바로 30년 전쟁입니다. 전쟁은 독일의 지배 아래 있던 보헤미아에서 칼뱅파 신교도들이 반란을 일으키자, 구교도인 독일 황제가 이들을 가혹하게 탄압하면서 일어났어요. 여기에 덴마크·스웨덴·프랑스 등 주변 국가들이 독일에서 자신의 세력을 넓히기 위해 너도나도 뛰어들면서 상황이 달라졌죠. 이들이 신교도를 지원한다는 명목 아래 차례로 개입하면서, 유럽 국가가 거의 모두 참가할 정도로 치열한 국제 전쟁의 양상을 띠게 된 겁니다.

결국 베스트팔렌조약이 성립되면서 30년 동안의 긴 전쟁은 끝이 났습니다. 그 결과 네덜란드와 스위스는 독립했으며, 독일의 신·구 양 교도는 동일한 권리를 획득했어요. 이때 맺은 베스트팔렌조약은 오늘날의 유럽 국경의 기틀이 되어 근대 유럽의 국가 형성에 매우 큰 영향을 미쳤습니다.

이때 루벤스는 에스파냐의 외교관으로서 영국과 평화 조약을 맺도록 외교적인 수완을 발휘했죠. 이 모든 것을 루벤스의 공로라 여긴 두 나라는 그에게 각각 기사 작위를 내리기도 했어요. 그는 영리하게도 이것을 이용해 유럽 귀족이나 왕들에게 더 많은 작품을 주문받게 됩니다. 영국의 국왕 찰스 1세는 그에게 화이트홀 궁전의 연회장을 장식할 천장화를 주문했어요. 이때 그린 거대한 천장화는 '왕권신수설*'로 어깨에 잔뜩 힘이 들어가 있던, 찰스 1세의 아버지인 제임스 1세의 영광을 기리는 내용이었다고 해요. 하지만 왕권 강화로 귀족들에게 암살당한 제임스 1세의 운명만큼 찰스 1세의 삶도 험난했어요. 의회의 동의 없이 전쟁을 일으키고 세금을 거둬들이다가 청교도혁명* 중

* 왕권신수설 왕이 지상에서 신의 대리이고 왕권에는 제한이 없다는 절대왕정의 이론.

* 청교도혁명 1640~1660년 영국에서 청교도가 중심이 되어 일으킨 최초의 시민혁명.

에 크롬웰의 의회파에게 처형당했습니다.

루벤스, 스파이로 의심받다

많은 귀족과 왕족 중에서 특히 루벤스를 주목한 이는 프랑스 왕 앙리 4세의 아내이자 루이 13세의 어머니였던 마리아 데 메디치입니다. 그녀는 르네상스 시대의 이탈리아를 대표하는 명문 가문인 메디치가 출신이었어요. 앙리 4세가 피렌체에서 금융업으로 엄청난 돈을 벌어들인 메디치 가문 사람과 결혼한 이유가 텅 빈 국고를 채우기 위해서라는 이야기도 있어요. 그녀의 결혼 지참금은 프랑스 역사상 최고액으로, 돈을 세는 데에만 두 달이 걸렸다고 합니다.

마리 왕비는 앙리 4세가 죽은 뒤 어린 루이 13세를 대신해 섭정*을 펼칩니다. 그러나 돈만 많은 이탈리아 여자라고 업신여기는 프랑스의 콧대 높은 기득권 세력 때문에 맘고생이 이만저만이 아니었다고 합니다. 그들을 누르기 위해서는 자신이 신들의 선택으로 운명처럼 등장했다는 것을 널리 알려야만 했어요. 자신의 권력 획득을 정당화하고 찬미해 줄 수단이 필요했던 거죠. 이런 그녀에게 루벤스의 바로크 미술은 구세주 같은 존재였습니다. 루벤스는 그녀의 주문을 받아 약 3년 동안 21점으로 이루어진 거대한 규모의 연

작을 완성합니다. '마리 데 메디치의 생애'를 다룬 이 작품은
〈마리 데 메디치와 앙리 4세의 만남〉 〈마르세유에 도착하는
마리 데 메디치〉 등의 그림으로 구성되어 있어요.

마리 데 메디치와 앙리 4세의 만남 | 1622~1625년 | 캔버스에 유화 | 394×295cm | 파리, 루브르 박물관

마르세유에 도착하는 마리 데 메디치 | 1622~1628년 | 캔버스에 유화 | 394×295㎝ | 파리, 루브르 박물관

하지만 루벤스가 이 작품들을 완성해 파리로 가지고 왔을 때는 프랑스의 정치적 상황이 180도로 바뀌어 있었어요. 마리 왕비의 정치적 입지는 줄어들고, 루이 13세와 그의 두터운 신임을 받던 리슐리외 추기경의 권력이 강화되었죠. 리슐리외의 도움을 받은 루이 13세가 어머니의 그늘에서 벗어나 강력한 왕권을 행사한 겁니다. 리슐리외는 원래 마리 왕비의 추천으로 정치를 시작했지만, 곧 루이 13세의 편에 서게 됩니다. 18년간 루이 13세를 위해 일하며 귀족들의 지방 자치권을 축소해 절대왕정의 기초를 닦았습니다. 또한 30년 전쟁에 개입해 합스부르크 왕가에 결정타를 가하는 등 프랑스가 유럽 최강국이 되는 데 큰 역할을 하죠.

이런 리슐리외는 루벤스를 화가가 아닌 합스부르크 왕가의 스파이로 의심해, 그가 그린 그림 21점의 값을 지불하지 않았어요. 하지만 영리한 루벤스는 여기에 즉각 반응하지 않았습니다. 외교관을 지내며 터득한 화술을 바탕으로 리슐리외를 설득하고, 무료로 그의 초상화까지 그려 주었죠. 이에 만족한 리슐리외는 원래의 그림 값보다 3배나 많은 액수를 주었다는 일화도 전해집니다.

초창기 자본주의의 속살을 보여 주다

위대하고 웅장한 바로크의 미적 가치가 절대왕정의 권력 찬미와 결합될 수 있었던 것은 루벤스의 천재적 재능이 있었기에 가능했어요. 루벤스가 재미 삼아 그렸다는 〈아이의 얼굴〉을 한번 봅시다. 이 초상화는 그의 큰딸을 그린 것으로 알려져 있어요. 단순한 소녀의 초상이 루벤스의 붓놀림만으로 마치 살아 있는 사람처럼, 맥박이 고동치는 듯 표현된다는 사실이 놀랍기 그지없습니다.

아이의 얼굴 1615~1616년경 | 패널에 붙인 캔버스에 유화 | 37.3×26.9㎝ | 파두츠, 리히텐슈타인 대공 컬렉션

자신의 천재성을 잘 알고 있던 루벤스는 작업 방식을 개선해 2,500여 점이라는 어마어마한 미술 작품을 생산해 냅니다. 그는 안트베르펜에 넓은 공간을 확보하고 수많은 젊은 화가들을 제자로 받아들였어요. 그리고 유럽 각국에서 쏟아지는 미술 주문을, 자신은 스케치나 마무리에만 참여하고 나머지는 제자들에게 맡기는 방법으로 해결했지요. 마치 초기 자본주의의 매뉴팩처[*] 같이 대량생산이 가능한 시스템을 만든 겁니다. 루벤

* **매뉴팩처** 수공업적 기술을 기본으로 하면서 경영은 자본주의적 공장 운영의 형태로 이루어지는 자본주의 성립 초기의 과도기적 생산 방식.

사랑의 정원 1632~1633년 | 캔버스에 유화 | 198×283㎝ | 마드리드, 프라도 미술관

스는 이런 시스템을 전문 경영자처럼 직접 지휘하면서, 심지어 경쟁자의 제자들과도 스스럼없이 작업했어요. 물론 이는 단지 몇 번의 붓놀림만으로도 평범한 작품을 뛰어난 명화로 뒤바꿔 버리는 루벤스의 천재성이 없었다면 불가능한 일이었지요.

더욱 놀라운 점은 이런 자본주의적 시스템 아래 탄생한 2,500여 점의 그림 가운데 실패한 작품이 단 하나도 없었다는 사실입니다. '루벤스 공장'에서 탄생한 작품 몇 가지를 살펴보면, 〈사랑의 정원〉에서는 아름다운 정원에서 사교 모임을 갖는 귀족들의 우아한 모습을 엿볼 수 있어요. 또 루이 13세의 부인인 〈안 도트리슈의 초상〉에서는 기품 있고 우아한 왕비의 모습을 감상할 수 있죠.

한 가지 흥미로운 사실은 루벤스의 그림에는 심하다 싶을 정도로 풍만한 여성들이 많이 등장한다는 거예요. 〈파리스의 심판〉〈레우키포스 딸들의 납치〉 등이 대표적인데, 이런 그림들은 30년 전쟁 등으로 예민해진 유럽 귀족들에게 잠시나마 전쟁의 고통을 잊을 수 있도록 정신적 위안을 주었기에 큰 주목을 받았다고 합니다.

지금까지 루벤스의 바로크 미술을 통해 격변의 시기였던 17세기를 살펴보았어요. 영토나 주권 등 근대 유럽의 모습을 확립한 30년 전쟁, 근대 시민 사회 직전에 등장한 과도기적 정

안 도트리슈의 초상 1621~1625년 | 캔버스에 유화 | 85×37㎝ | 파리, 루브르 박물관

1632~1635년 | 목판에 유화 | 144.8×193.7㎝ | 런던, 내셔널 갤러리

치 형태인 절대왕정, 대량생산과 전문 경영 등으로 대표되는 자본주의 시스템, 루벤스는 이 모든 일들이 벌어진 17세기를 자신만만한 태도로 헤쳐 나갔죠. 다음에는 같은 시대를 살았지만 루벤스와는 정반대로 가난과 고독 속에서 빛을 그린 화가 렘브란트를 살펴보겠습니다.

서양 근대사 연표

루벤스의 생애와 주요 작품 연표

1577   탄생
네덜란드 연방공화국 수립   1581
1587   그림 공부 시작
에스파냐 무적함대 영국에 패배   1588
앙리 4세, 낭트칙령   1598   1598   성 루가 화가 길드에 장인으로 들어감
네덜란드 동인도회사 설립   1600   1600   이탈리아 여행에 오름
1602   빈첸초 곤차가의 제안으로 만토바 공국의 궁정화가가 됨
1608   이탈리아에서 돌아옴
1609   알베르트 대공이 궁정화가로 임명
1611   〈십자가에서 내림〉 시작
30년 전쟁 시작   1618
1625   〈마리 데 메디치와 앙리 4세의 만남〉 완료
1629   외교관의 지위로 찰스 1세 방문
찰스 1세 루벤스에게 기사 작위 내림
1635   〈파리스의 심판〉 완료
데카르트 『방법서설』 출판   1637
1640   63세의 나이로 사망

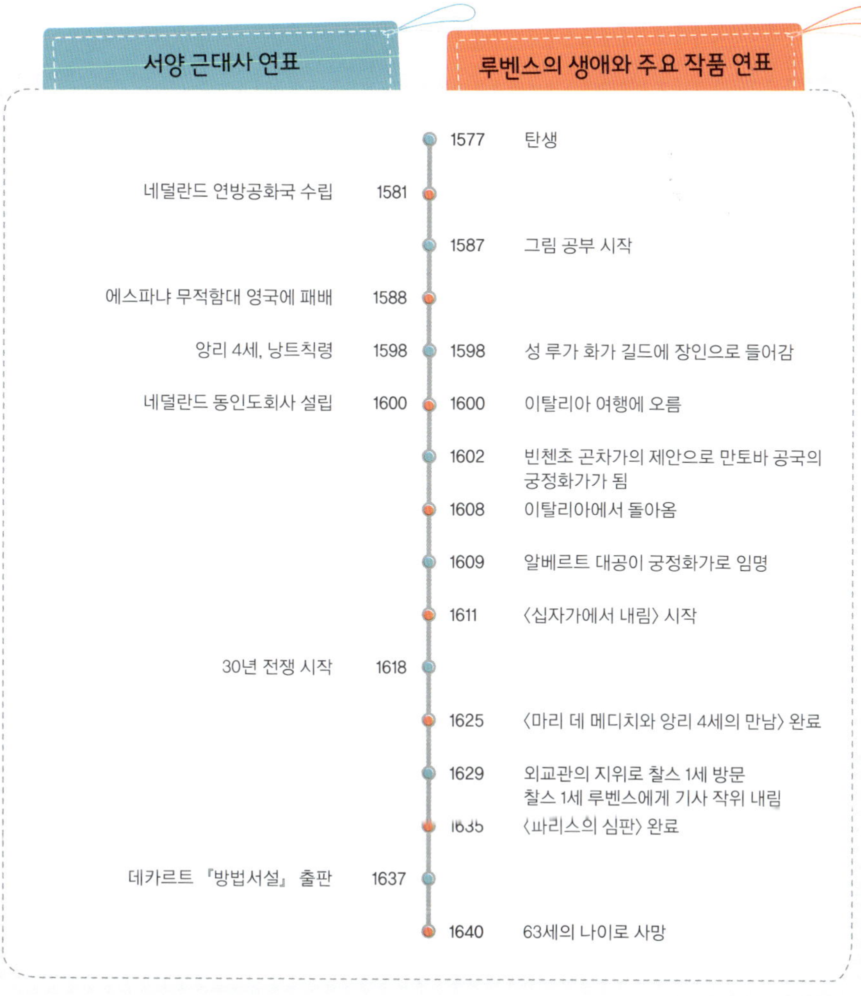

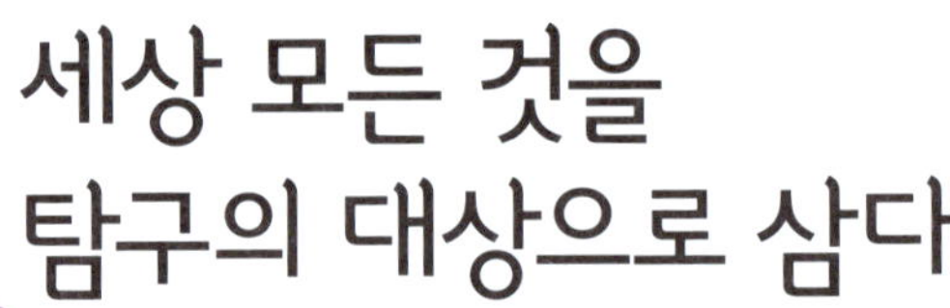

세상 모든 것을 탐구의 대상으로 삼다

황금시대 네덜란드의 명암을 그린 렘브란트

유럽에서 가장 자유롭고 개방적인 국가

네덜란드는 히딩크 감독 덕분에 우리에게도 친숙한 나라입니다. 또한 『하멜 표류기』나 헤이그 특사 사건[*] 등과 연관되어 국사 책에도 간간이 등장했기에, 사실 우리에게는 그리 낯선 나라가 아닙니다. 앞 장에서 네덜란드가 에스파냐와의 전쟁을 통해 17세기에 자유로운 개신교 국가로 독립을 쟁취했다는 점을 이야기했습니다. 이번에는 이 신생 독립국 네덜란드의 역사를 쏙 빼닮은, 그림을 그리며 단 한 번도 네덜란드를 떠나 본 적이 없는 '빛의 마술사' 렘브란트를 통해, 그 당시의 모습을 알아볼까 합니다.

오늘날에도 네덜란드는 세계 최초로 안락사를 합법화한 자유롭고 개방적인 국가로 알려져 있어요. 이런 자유로움은 그들이 새로운 나라를 건설하는 과정에서부터 나타났습니다. 17세기 네덜란드는 '세계 최초'라는 수식어가 들어가는 많은 것들을 만들어 내면서 금융과 무역 분야에서 눈부신 활약을 했죠. 세계 최초의 주식회사인 동인도회사, 세계 최초의 주식거래소, 세계 최초의 현대적 은행인 암스테르담 은행 등이 네덜란드에서 생겨났어요.

활짝 핀 자본주의적 시민 문화

개신교를 믿었던 네덜란드 사람들은 에스파냐의 억압을 단결과 투쟁으로 극복했어요. 이처럼 유럽의 봉건적 귀족 정치를 한순간에 떨쳐 냈기에, 네덜란드에서는 근대적인 자유로운 문화가 활짝 꽃피게 됩니다. 또 가톨릭교도가 많았던 안트베르펜 등의 벨기에 지방이 크게 쇠퇴한 것과 달리, 네덜란드에서는 암스테르담을 중심으로 상인, 은행가, 제조업자들이 엄청난 부를 창출하지요.

렘브란트가 그린 〈마르텐 솔만스 초상〉과 〈오프옌 코피트 초상〉을 봅시다. 이전까지만 해도 서 있는 자세의 전신 초상화는 왕과 왕비, 귀족만 누릴 수 있는 특권이었어요. 그런데 이제 막대한 부를 바탕으로 새롭게 사회 주도층이 된 시민계급도 자신들의 지위를 과시하기 위해 전신 초상화를 주문하게 됩니다. 비록 칼뱅의 교리에 따라 최대한 검소하게 사는 네덜

마르텐 솔만스 초상 | 1634년 | 캔버스에 유화 | 207×132.5㎝ | 개인소장

오프옌 코피트 초상 | 1634년 | 캔버스에 유화 | 207×132.5㎝ | 개인소장

란드 사람들이었지만 아무것도 걸려 있지 않은 빈 벽만은 참
지 못했다고 해요. 부잣집의 마지막 티 내기라 할까요? 남들보
다 더 돋보이기 위해 큼직한 초상화나 정물화 등을 벽에 거는
것이 이 시기 크게 유행했답니다.

렘브란트는 개인 초상화에서 한 단계 나아가 단체 초상화까
지 그리게 됩니다. 그에게 명성을 가져다준 〈툴프 박사의 해부
학 강의〉와 오늘날에도 논란이 되고 있는 〈야경〉이 바로 그것이
죠. 그럼 먼저 그 당시의 시대상이 압축되어 있는 〈툴프 박사의
해부학 강의〉를 볼까요?

암스테르담 외과 의사 조합이 주문한 이 그림은 사형당한
범죄자를 공개적으로 해부하는 장면을 그린 것이에요. 재미있

네덜란드에서 태어난 렘브란트는 17세기 유럽 회화 사상 최
대의 화가이다. 〈툴프 박사의 해부학 강의〉로 호평을 얻은
후, 초상화가로서 명성을 얻었다. 렘브란트는 대상을 사실적
으로 묘사하지만, 색채 및 명암의 대조를 강조하는 특색이
있다. 때문에 오늘날 그를 가리켜 '빛과 어둠의 화가'라고 일
컫는다.

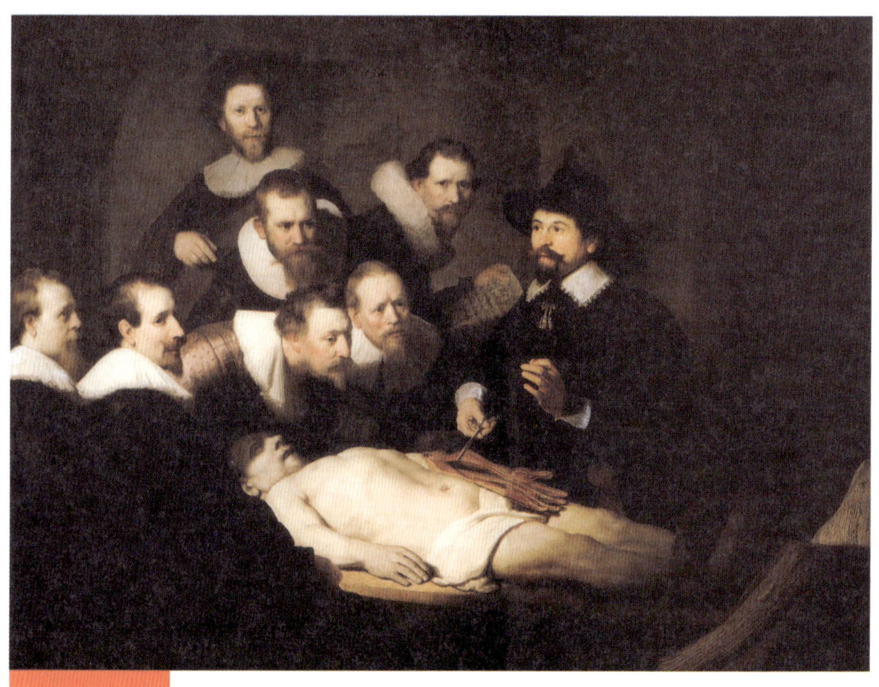

툴프 박사의 해부학 강의 1632년 | 캔버스에 유화 | 169.5×216.5㎝ | 헤이그, 마우리츠호이스 미술관

는 점은 이 강의에 참석한 이들 가운데는 의사가 한 명도 없
다는 사실입니다. 이들은 모두 암스테르담의 유명 인사들로,
외과 의사인 툴프 박사가 시체를 해부하는 장면을 매우 진지
하게 바라보고 있지요. 여기서 현장의 생생한 기운을 느낄 수
있는 것은 당연히 렘브란트의 마술과도 같은 붓 솜씨 때문이
지요. 하지만 실제 이 그림을 현장에서 보고 그린 것은 아닙니
다. 검은색 배경 위에서 더욱 돋보이는 탄탄한 구도와 세밀한

얼굴 표현 때문에 그렇게 느껴지는 것입니다.

레오나르도 다빈치나 미켈란젤로가 살았던 16세기만 해도 시체 해부는 비밀리에 이루어졌어요. 하지만 렘브란트가 살았던 17세기에는 근대과학이 발달하면서 인체 해부가 당연한 것으로 받아들여졌으니, 격세지감*이 느껴질 정도지요. 게다가 그 당시 네덜란드에서는 교양인의 상식으로서 해부학 강의가 큰 인기가 있었다고 해요. 시민계급의 박학다식함이 그저 놀라울 따름입니다. 어쩌면 그들은 이 세상 모든 것을 탐구의 대상이자 정복의 대상으로 생각했는지도 모릅니다. 실제로 학문의 자유를 위해 네덜란드에 정착한 프랑스 철학자 데카르트는 "나는 생각한다. 그러므로 존재한다."라는 명언을 남겼죠. 생각하는 존재 자체를 제외한 모든 것이 회의와 탐구의 대상임을 선언한 거예요. 데카르트 외에도 스피노자, 존 로크 등의 철학자들이 집필 활동에 몰두했던 곳도 이 네덜란드랍니다.

이처럼 과학과 철학이 발달할 수 있었던 것은 17세기 유럽의 황금시대를 이끈 네덜란드의 막강한 정치력과 경제력이 뒷받침되었기 때문입니다. 세상을 탐험과 호기심의 대상으로 여긴 네덜란드는 최초의 주식회사인 동인도회사를 바탕으로 아시아 지역에 방대한 식민지를 건설하고, 일본의 나가사키에도 진출해 무역을 독점했어요. 동인도회사는 당시 민간 자본의 중심이었지만 국가의 적극적인 지원으로 군대 유지와 전쟁, 요새 건설에도 참여했어요. 한마디로 식민지 개척에 앞장섰던 제국주의적 회사였던 것이죠.

네덜란드는 1602년에 동인도회사를 설립해 무려 2세기 동안이나 세계 최대 기업으로 키우며 아시아 시장 개척과 식민 지배에 나섭니다. 또한 네덜란드는 북해에서 청어잡이와 대구잡이, 고래잡이를 독점하는 것은 물론, 아메리카 신대륙과 아프리카 곳곳을 식민지로 만들었죠.

자본주의 사회의 어두운 그림자를 그리다

이와 같은 17세기 네덜란드의 번영은 자발적인 시민군의 참여라는 요소가 있었기에 가능했습니다. 이를 잘 보여 주는 작품이 바로 렘브란트의 〈야경〉이에요. 네덜란드의 국보로도 지정된 이 그림은 시민군 회관을 장식하기 위해 그려진 단체 초상화입니다. 이 그림 속 인물들은 모두 암스테르담의 부유층이자 그 당시 사회를 이끌었던 주류였어요. 일설에는 이들 가운데 그림 속 얼굴이 어둡거나 가려져 제대로 보이지 않는 사람들이 렘브란트에게 불만을 터트렸다는 말도 있습니다. 만약 비싼 돈을 내고 초상화를 그렸는데 자신의 얼굴이 제대로 보

야경(바닝 코크 대장의 민병대) 1642년 | 캔버스에 유화 | 363×437㎝ | 암스테르담, 국립 미술관

이지 않는다면, 당연히 기분이 나쁘겠지요? 하지만 그건 소문에 불과했고, 모두들 이 그림이 공개된 순간 찬사를 아끼지 않았다고 해요.

언뜻 보면 이 그림은 부대원들이 무질서하게 출정하는 듯 혼란스러운 느낌을 줍니다. 렘브란트는 일부러 이런 기법을 사용했다고 해요. 과장된 몸짓과 활력 넘치는 생동감, 역동적인 모습, 혼란스러운 대열 등을 절묘하게 배치해 최고의 작품을 탄생시킨 거죠. 그림 속 사람들은 화승총*에 화약을 재우거나 시험 삼아 발포하고 있는데, 이제 막 도시의 경비를 돌 참인가 봅니다. 하지만 〈야경〉, 곧 '야간 순찰'이라는 제목과 달리 이 그림의 배경은 '야간'이 아닙니다. 그림을 보호하려고 덧씌운 니스 칠이 시간이 지나 까맣게 되면서 그림이 어두워졌습니다. 이후 뒷 세대 사람들이 밤에 순찰하는 민병대로 지레짐작했던 거죠. 사실 이 작품의 원래 제목은 〈바닝 코크 대장의 민병대〉입니다. 수백 년 묵은 니스 칠은 20세기 들어서야 벗겨졌고, 그제야 그림은 원래 색감을 되찾았다고 합니다.

문 앞의 거지들 1648년 | 에칭 | 16.5×13㎝ | 파리, 루브르 박물관

한편 렘브란트는 네덜란드 사회의 밝은 면만을 묘사하지는 않았어요. 그는 당시 네덜란드의 어두운 사회 일면도 그림으로 남겼습니다. 네덜란드의 상업 자본이 발전한 만큼 빈곤과 같은 그림자도 분명 존재했지요. 그는 거지나 유랑민 등 사회에서 버림받은 존재들을 판화로 새기기도 했습니다. 〈문 앞의 거지들〉〈유랑 악사들〉〈에스파냐 집시〉〈목발을 하고 있는 거지〉 등이 그

1661년 | 캔버스에 유화 | 66.4×77.8㎝ | 마우리츠 하이스 왕립미술관

런 작품이에요. 심지어 거지 옷을 입은 자신의 모습을 그린 〈강둑에 앉아 있는 거지〉 같은 작품도 있습니다. 사치를 좋아하고 낭비벽이 심했던 렘브란트이지만, 마음속으로는 가난한 사람들에 대한 동정과 연민을 품고 있었던 모양이에요. 그 밖에 〈두 명의 아프리카인〉에서는 식민 정책으로 인해 네덜란드로 끌려온 흑인의 모습을 묘사하기도 했습니다.

자화상 속에 숨어 있는 네덜란드의 명암

램브란트의 또 다른 성과로는 〈자화상〉이라는 제목의 80여 장이나 되는 작품을 손꼽을 수 있어요. 같은 시대를 살았던 바로크 미술의 대가 루벤스가 자화상을 통해 자신의 우아하고 품위 있는 모습을 그렸다면, 렘브란트는 자신의 자아와 내면, 영혼이라 불릴 만한 것들을 그림으로 표현하기 위해 노력했죠. 근대의 또 다른 특징 중 하나인 '개인의 발견'을 그가 초상화를 통해 보여 준 것이지요.

1629년에 그린 〈갑옷의 목가리개를 한 자화상〉에는 자신만만한 젊은 날의 모습이 담겨 있어요. 〈돌아온 탕자의 옷을 입고서 사스키아와 함께 있는 자화상〉에는 네덜란드의 황금시대를 찬미하듯 자신의 첫 번째 아내 사스키아와의 결혼 후 잘나가던 시절의 오만함이 한껏 묻어나죠. 그리고 〈노년의 자화상〉에는

갑옷의 목가리개를 한 자화상   1629년경 | 목판에 유채 | 38×30.9㎝ | 뉘른베르크, 독립국립미술관

130

돌아온 탕자의 옷을 입고서 사스키아와 함께 있는 자화상 1635년 | 캔버스에 유화 | 161×131㎝ | 드레스덴 국립 미술관

1661년 | 캔버스에 유화 | 114×94cm | 런던, 켄우드 하우스

말년에 찾아온 가족의 죽음과 파산을 비참하게 지켜볼 수밖에 없었던 슬픔이 배어납니다. 이렇게 렘브란트는 삶의 명암을 자화상에 고스란히 담았어요. 그의 자화상들을 쭉 펼쳐 놓고 보노라면 한 사람의 삶에 어떤 의미가 담겨 있는지를 다시 생각하게 됩니다.

그의 자화상은 마치 네덜란드의 번영과 몰락을 보는 듯한 느낌도 줍니다. 실제로 네덜란드는 계속해서 영국, 프랑스 등과 전쟁을 치르며 경제적으로 몰락의 길을 걷습니다. 1651년 청교도혁명으로 권력을 얻은 영국의 크롬웰은 보호무역의 내용을 담은 항해조례를 발표하면서 네덜란드를 견제했습니다. 또한 프랑스 태양왕 루이 14세의 대외 팽창 정책에 의해 네덜란드는 전쟁 속으로 빨려 들어갔지요. 게다가 나라 안에서는 튤립이 투기의 대상이 되어 단기 수익을 올리려는 사람들이 몰리면서 가격이 몇 배나 올랐다가 하루아침에 떨어져 시장이 붕괴되는 사건이 일어나기도 했어요. 그 바람에 튤립에 투자했던 많은 이들이 큰 손해를 입었죠. 결국 내우외환으로 네덜란드는 경제적으로 몰락하게 됩니다.

이런 몰락은 놀랍게도 렘브란트 개인의 몰락과 정확히 일치합니다. 아내의 죽음과 연이은 스캔들, 점점 불어나는 빚과 그로 인한 파산, 자식의 죽음 등은 독특한 명암법으로 네덜란드 바로크 미술의 독자적인 문을 열었던 렘브란트를 궁지로 몰아갔죠. 1661년에 그린 〈사도 바울로 분장한 자화상〉에는 이런 몰락한 상황을 달관한 듯한, 혹은 체념한 듯한 한 인간의 내면이 고스란히 드러납니다.

1669년 렘브란트는 〈아기 그리스도를 안은 시므

사도 바울로 분장한 자화상　1661년 | 91×77cm | 암스테르담, 국립 미술관

온)을 미완성으로 남긴 채 세상을 떠납니다. 이와 더불어 17세기의 바로크 미술도 막을 내리죠. 이제 서양의 역사는 18세기로 접어들고, 프랑스혁명과 더불어 새로운 근대적인 미술들이 파도처럼 밀려오게 됩니다.

아기 그리스도를 안은 시므온　1669년 | 캔버스에 유화 | 스톡홀름, 국립 미술관

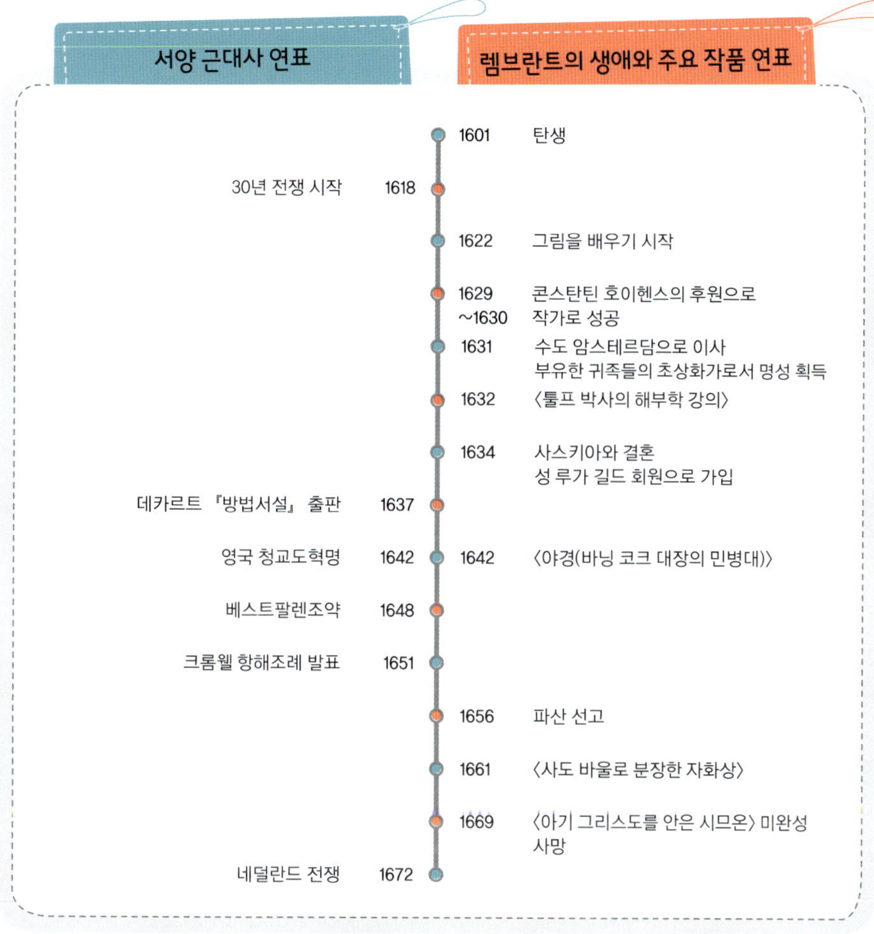

2부 참고문헌

강원희, 『뒤러·홀바인·브뤼겔』, 지경사, 2009

노르베르트 볼프, 이영주 옮김, 『한스 홀바인』, 마로니에북스, 2006

노성두, 『빛의 유혹에 영혼을 던진 렘브란트』, 아이세움, 2003

노성두, 『춤추는 세상을 꺼안은 화가 브뤼겔』, 아이세움, 2005

닐스 요켈, 노성두 옮김, 『브뤼겔』, 랜덤하우스코리아, 2006

마리에트 베스테르만, 강주헌 옮김, 『렘브란트』, 한길아트, 2002

야콥 부르크하르트, 최승규 옮김, 『루벤스의 그림과 생애』, 한명출판, 1999

월터 S. 기브슨, 김숙 옮김, 『브뤼겔: 16세기 플랑드르 최고의 화가』, 시공아트, 2007

존 몰라뉴, 정병선 옮김, 『렘브란트와 혁명』, 책갈피, 2003

질 네레, 문경자 옮김, 『페테르 파울 루벤스』, 마로니에북스, 2006

토마스 다비트, 노성두 옮김, 『렘브란트』, 랜덤하우스코리아, 2006

피에르 스테릭스, 김명숙 옮김, 『브뤼겔: 농민과 풍자의 화가』, 성우, 2000

종교개혁

16세기 이후 유럽, 특히 북유럽에서는 르네상스의 영향과 종교개혁이 서로 불씨를 주고받으며 변화의 태풍이 휘몰아칩니다. 즉, 기존 기독교 교회가 타락상을 보이자 에라스무스 등 사회 비판적인 인문주의자들은 개혁을 요구한 것이죠. 그래서 때론 북유럽 르네상스를 '기독교 인문주의'라고 규정짓기도 합니다. 여기에 신학자 출신인 마틴 루터가 면죄부 판매에 완강하게 저항하면서 종교개혁이 시작됩니다. 루터는 모든 사람은 평등하게, 믿음을 통해서만 구원받을 수 있다고 주장했습니다.

한편, 스위스에서는 칼뱅과 츠빙글리에 의한 종교개혁이 일어났습니다. 칼뱅은 성서에 나오지 않은 모든 교리를 배격했습니다. 아울러 교회 생활을 통한 신앙 자치 생활을 고집했죠. 칼뱅의 주된 주장 중 하나는 신에 의해 구원받는 인간은 이미 정해져 있다는 예정설입니다. 또한 검소하고 부지런한 생활과 자신의 직업에 충실해 얻게 되는 부는 신의 축복이라고도 했습니다. 이 주장은 상공업자들의 지지를 받았고, 자본주의가 확산되는 데도 크게 기여합니다.

이러한 종교개혁의 흐름에 로마 교황청은 즉시 반발했습니다. 이후

유럽에서 구교와 신교의 대립은 전쟁이라는 형태로 17세기까지 치열하게 전개됩니다. 그것은 국가 간 또는 국가 내부의 대립 등 다양한 형태로 나타났습니다. 프랑스에서는 카트린 드 메디치가 수만 명의 신교도를 살상했습니다. 가톨릭 대 신교도 간에 서로 죽고 죽이는 최악의 상황으로 치닫게 된 것이죠.

피바람이 분 종교개혁은 앙리 4세의 낭트칙령에 의해 일단락됩니다. 낭트칙령에 의해 신교도의 기본권이 보호되었으며, 동시에 프랑스 절대왕정의 토대가 마련되었습니다.

이런 움직임은 비단 프랑스의 일만은 아니었습니다. 네덜란드는 에스파냐로부터 독립하고자 신교도들이 전쟁을 일으켰습니다. 독일에서는 30년 전쟁이 일어났고, 여기에 여러 왕가가 참여하면서 전쟁은 유럽 전체로 확대되었습니다. 하지만 1648년 베스트팔렌조약이 체결되면서 유럽은 다시 정치적으로 안정을 되찾게 됩니다. 이 조약으로 로마 교황청과 신성로마제국은 실질적 힘을 잃었습니다. 동시에 유럽은 근대 국가 체제로 나아갈 토대를 마련하게 됩니다.

3부

화가, 혁명과 마주하다

프랑스혁명은 서양은 물론 세계사적에서도 매우 중요한 사건입니다. 프랑스혁명 이전과 그 이후로 시대를 구분할 정도로 근대정신의 모든 것이 프랑스혁명에 응축되어 있다고 해도 과언이 아닙니다. 그렇다면 당시 프랑스혁명은 어떻게 흘러갔을까요? 이 속에서 나폴레옹은 어떤 과정으로 황제가 되었을까요?

한편, 프랑스혁명과 나폴레옹의 등장으로 유럽은 자유주의와 민족주의라는 큰 두 가지 흐름의 영향 속으로 빨려 들어갑니다. 화가들도 이 혁명의 주연으로 등장할 정도였는데, 이를 가장 확실하게 보여 준 이가 '다비드'와 '고야'입니다. 3부에서는 이들의 작품에서 등장하는 프랑스혁명과 나폴레옹을 통해 당대 유럽의 근대적 모습을 조명해 봅니다.

혁명의 시대,
영웅을 원하다

프랑스혁명을 이끈 정치적 화가 다비드

프랑스혁명과 근대사회

자유와 평등 그리고 박애의 이념 아래 인류를 진정한 근대로 이끈 사건이 바로 프랑스혁명입니다. 어떤 역사학자는 이를 두고 '중세의 잔재*'를 한꺼번에 쓸어버린 거대한 빗자루'라고도 표현했습니다. 영국의 명예혁명이나 미국독립혁명보다 프랑스혁명이 세계사적으로 더욱 의미 있는 것은 바로 이 때문입니다. 이렇게 세계사적 질서를 바꾼 프랑스혁명의 현장에 직접 뛰어들어 당시 상황을 화폭에 담은 자크 루이 다비드를 지금부터 만나 볼까요.

프랑스혁명은 짧게는 1789년 7월 14일부터 1794년 7월까지로 봅니다. 1789년 7월 14일 시민계급이 바스티유 감옥을 습격하면서 혁명은 시작됩니다. 공포정치를 실시한 급진파 로베스피에르의 개혁이 실패하는 테르미도르의 반동으로 마무리

> * **잔재** 과거의 낡은 사고방식이나 생활양식의 찌꺼기.

되지요. 그 뒤 권력은 프랑스혁명 세력에서 나폴레옹으로 넘어 갑니다. 나폴레옹은 스스로 제1통령 자리에 오르고, 결국 황 제 자리까지 차지합니다. 그는 절대 권력을 통해서 프랑스 사 회를 크게 변화시키고자 했습니다. 이 시기는 혁명의 이념이 유럽으로 전파되는 때이기도 하죠. 다비드는 나폴레옹이 몰락 할 때까지 함께하며 '신고전주의'라는 화풍을 남기게 됩니다.

'붓을 든 로베스피에르', 자크 루이 다비드

1748년 프랑스 파리에서 태어난 다비드는 스물일곱 살에 고전의 세계 로마로 떠났습니다. 그는 5년여에 걸친 로마 유학 생활을 마치고 돌아온 뒤부터 신고전주의 화풍을 개척하기 시작합니다.

'신고전주의'는 기존의 기름기 많고 과장된 바로크나, 우아 하고 장식성만을 강조한 로코코 미술을 제치고 새롭게 등장 했어요. 이 화풍은 그 당시 '고귀한 단순함과 고요한 위대함' 으로 찬양되던 그리스와 로마의 미(美)를 되살리면서도 형식과 내용의 조화를 추구했지요. 한마디로 혁명의 시대에 어울리는 주제만큼 숭고하고 장엄합니다.

다비드가 그린 〈호라티우스 형제의 맹세〉와 〈소크라테스의 죽음〉을 보면 이 화풍을 쉽게 이해할 수 있습니다. 루이 16세의

1784년 | 캔버스에 유화 | 330×425㎝ | 파리, 루브르 박물관

주문으로 그리게 된 〈호라티우스 형제의 맹세〉는 삼형제가 조
국 로마를 위해 전쟁에 참여하기 직전 아버지 앞에서 맹세하는
모습을 담고 있습니다. 그런데 오른편의 여성은 깊은 슬픔에
빠져 있네요. 오빠들이 죽여야 할 적국의 남자가 바로 자신들
의 남편이었기 때문이죠. 더구나 삼형제 중 한 명은 적국의 여
성과 결혼한 몸이기도 해요. 이 그림은 조국이라는 대의를 위
해 개인의 행복은 희생해야 한다는 내용을 담은 작품입니다.

그래서인지 여성들은 비통하지만 눈물만은 참고 있습니다.

이 그림은 원래 프랑스 절대왕정인 부르봉 왕가(루이 16세)에 대한 애국심을 요구하기 위해 그린 것이었어요. 하지만 거꾸로 그 부르봉 왕가의 구체제(앙시앵 레짐)를 타파하려는 시대적 분위기와 결합하면서 당시 살롱전에서 가장 주목을 받게 됩니다. 그 덕에 다비드는 프랑스 화단의 독보적 존재로 떠오릅니다. 훗날 이 그림은 프랑스혁명의 상징물이 됩니다. 혁명이라는 대의를 위해 루이 16세를 단두대로 보내야 하는 당시 상황과 맞물렸다고나 할까요.

〈소크라테스의 죽음〉도 '살롱전 전체 작품을 통틀어 가장 뛰어난 걸작'이라는 평가를 받았습니다. 동시에 당시 소크라

자크 루이 다비드(Jacques-Louis David, 1748~1825)

파리에서 출생한 프랑스 화가이다. 18세기 프랑스 회화의 전통을 고수했으나, 볼로냐, 피렌체 등을 여행하며 접한 이탈리아 르네상스 회화에 감명을 받아 고대 그리스·로마 미술에 심취하면서 신고전주의를 탐구했다. 프랑스혁명 때는 자코뱅 당에 속해 〈마라의 죽음〉 등으로 날카로운 현실감각을 드러냈다. 그 후 나폴레옹의 총애를 받아 당시의 화단에 군림하며 〈나폴레옹의 대관〉 등을 제작했다.

소크라테스의 죽음　1787년 | 캔버스에 유화 | 120×200㎝ | 뉴욕, 메트로폴리탄 미술관

테스를 가장 모범적인 철학자로 손꼽던 계몽사상가들의 환호를 받았습니다. 사회와 국가가 사회 구성원의 계약에 의해 성립된다고 주장한 계몽사상가들은 시민 주권론과 자유와 평등, 인간의 존엄성, 민주주의를 옹호했습니다. 그들 눈에는 바로 이렇게 자신이 올바르다는 것을 주장하기 위해 죽음도 마다하지 않은 소크라테스가 상징적으로 자신들의 정치적 상황과 유사하게 비쳤습니다. 혁명 직전의 프랑스 분위기와 맞아떨어진 것이지요.

〈브루투스 아들들의 시신을 운반하는 릭토르*들〉
역시 그러한 의도가 읽히는 그림입니다. 이 그림 속 브
루투스는 줄리어스 시저를 암살한 인물과 이름만 같은 다른
사람입니다. 로마 공화국의 첫 번째 집정관이었던 그는 자신의
아들들조차도 왕정 반란에 가담했다는 이유로 냉정하게 죽이
며, 공화국 로마를 지켜 낸 인물이지요. 다비드는 이 그림에서

브루투스 아들들의 시신을 운반하는 릭토르들　1789년 | 캔버스에 유화 | 323×422㎝ | 파리, 루브르 박물관

테니스 코트의 선서   1791년 | 잉크, 수채 | 66×101㎝ | 베르사유 궁전

로마 공화국과 프랑스의 이미지가 겹쳐지도록 의도했습니다.

　당시 프랑스는 전체 인구의 2퍼센트도 채 안 되는 왕과 귀족, 성직자들이 대부분의 부와 권력을 누린 데 비해, 다수의 민중은 정치적 불평등과 경제적 빈곤에 시달렸어요. 더구나 오랜 전쟁과 국가 재정의 누적된 적자로 인해 프랑스 왕정의 국고는 텅 비었고 흉년까지 겹쳐 빵 값은 폭등했습니다. 루이 16세는 재정 문제를 세금으로 해결하기 위해 각 신분 대표들이 모인 삼부회를 소집합니다. 이때 시민계급 대표들이 신분별 투표를 거부하면서 혁명에 불씨를 지폈습니다. 이와 함께 사회적 모순을 견디다 못한 프랑스 민중들이 1789년 7월 14일, 루이 16세의 폭정과 억압의 상징이었던 바스티유 감옥을 습격하면서 프랑스혁명이 시작되었죠. 그때 다비드는 마라, 로베스피에르 등의 급진파와 함께 자코뱅 당의 일원으로 혁명에 적극 참여합니다.

〈테니스 코트의 선서〉에는 당시 프랑스혁명의 분위기가 격동적으로 표현돼 있습니다. 당시 시민계급 대표인 제3신분 의원들은 의회에서 쫓겨나자, 궁정 테니스 코트에 모여 '국민의회'를 결성하고 헌법을 만들 때까지 해산하지 않기로 선언합니다. 앞줄에서 두 손을 가슴에 대고 머리를 젖힌 채, 벅찬 표정을 짓고 있는 이가 바로 로베스피에르입니다. 그는 루소의 영향을 받아 이상적인 도덕 정치를 공화정의 기본으로 삼았습니다. 공화정을 이끈 그는 공포정치를 실시해 많은 반대파를 처형하고, 봉건제를 폐지하는 등 급진적인 개혁을 단행했지요. 다비드는 로베스피에르와 뜻을 함께하며 〈인권 선언문〉을 제작했습니다. 또한 루이 16세의 처형에 찬성표를 던지는 등 급진적 개혁의 최전선에 나섰습니다. 하지만 그의 아내는 신성한 왕을 처형하는 일에 가담했다며 이혼을 요구했습니다.

마라의 죽음 1793년 | 캔버스에 유화 | 165×128㎝ | 브뤼셀, 왕립미술관

나폴레옹과의 운명적 만남

다비드는 〈마라의 죽음〉을 통해 혁명 정신을 드높이는 데 앞장섰습니다. 이 그림은 국민공회의 일원인 마라가 샤로트라는 여성에 의해 살해당한 장면을 그린 것입니다. 마라는 「민중의 벗」이라는 신문을 통해 여론을 형성하던 급진파 자코뱅의 지도자였습니다. 이 그림에서 다비드는 혁명을 위해 투쟁하다 죽은 마라를 순교자처럼 표현함으로써, 혁명의 대의를 전파했어요.

마라와 마찬가지로 국민공회의 일원이었던 다비드는 마라가 살해당하기 전날까지도 그의 집을 방문했습니다. 피부병을 앓던 마라가 찬물로 목욕하며 공무를 보는 것을 지켜봤던 다비드는 그 장면을 마치 연극 속 강렬한 한 장면처럼 화폭에 담아냈지요. 이렇게

인권 선언문

다비드의 그림에서 마라의 죽음은 그 자체로 하나의 혁명적 이미지를 형성했습니다. 나아가 신생 프랑스 공화국을 위해 개인적 희생을 감수할 수밖에 없다는 의미까지 부여합니다.

한편, 1794년 로베스피에르의 공포정치가 테르미도르의 반동으로 무너지면서 다비드 또한 '배신자' '예술의 전제군주'라는 비난을 받으며 감옥에 끌려갔습니다. 정치적 좌절과 죽음이 도사리고 있는 감옥에서 그는 〈사비니 여인들의 중재〉를 그립니다.

고대 로마가 인구를 늘리기 위해 이웃 사비니족 여인들을 빼앗아 오자, 사비니인들은 여인들을 되찾기 위해 계속 로마에 쳐들어왔어요. 이미 로마에서 아이까지 낳아 기르던 사비니 여인들 입장에서는 양쪽의 싸움을 말려야만 했지요. 이 그림에는 같은 혁명 세력들끼리 편이 갈리고, 서로가 죽이는 다툼을 끝내자는 그의 마음이 담겨 있지요. 다비드는 출소 후 이 그림을 전시하면서 관람료를 받기도 했는데, 아마 세계 최초의 개인전이라 할 수 있을 거예요. 이혼한 다비드의 아내가 그의 석방을 위해 애쓰고 있다는 것을 다비드가 알게 된 후 그렸다는 일화도 전해집니다.

이 와중에 같은 자코뱅 당 출신의 공화주의자이자 뛰어난 군인이었던 나폴레옹이 권력을 쥐면서 다비드의 운명은 또 한 번 바뀌게 됩니다. 나폴레옹이 그에게 이탈리아 원정에 함께 갈 것

을 요청하면서 둘의 만남은 시작되었어요. 이후 다비드는 〈생 베
르나르 고갯길을 넘는 보나파르트〉와 〈황제와 황후의 대관식〉
등을 그리며 다시 프랑스 최고의 화가가 되지요.

사비니 여인들의 중재 1799년 | 캔버스에 유화 | 385×522㎝ | 파리, 루브르 박물관

생 베르나르 고갯길을 넘는 보나파르트   1800년 | 캔버스에 유화 | 289×222㎝ | 말메종 국립미술관

어떻게 보면 그의 변신은 사실 변절에 가깝습니다. 그리고 그것은 한때 다비드와 마찬가지로 급진파 자코뱅 당원이었던 나폴레옹의 모습과도 무척이나 닮았지요. 나폴레옹은 프랑스 내의 반혁명 세력을 몰아내고, 오스트리아를 비롯한 봉건 국가와의 전쟁에서 승리했습니다. 프랑스혁명의 자유와 평등 정신을 지키려는 것처럼 보였던 그는 스스로 계몽 군주가 되기를 희망했고, 영원히 세습되는 권력을 탐냈습니다. 그리고 교황이 황제의 관을 씌워 주는 전통조차 무시하고 스스로 머리에 관을 올려 황제가 되지요. 이런 그를 보며 다비드는 "보나파르트, 나의 영웅!"이라고 외쳤답니다. 여기서 다비드의 변절 이유가 얼핏 보입니다. 사실 그는 혁명의 시대이든 나폴레옹의 시대이든 상관없이 시대를 이끌만 한 '영웅'을 원했던 것이지요. 19세기 사상가 토마스 칼라일은 "인간의 역사란 곧 영웅의 역사"라고 단정 지었는데 화가 다비드 또한 마찬가지였지요.

〈생 베르나르 고갯길을 넘는 보나파르트〉에서 나폴레옹은 그에 앞서 알프스를 넘은 한니발* 장군과 샤를마뉴 대제*와 맞먹는 영웅으로 묘사됐어요. 실제로 나폴레옹은 알프스를 말이 아닌 노새를 타고 가까스로 건넜지만, 다비드의 그림에서는 길들여지지 않은 말 위에 올라탄 위엄 있는 영웅으로 재탄생했습니다. 다비드는 이 그림에서 처음 생존한 영웅을 그렸다고 하네요.

다비드는 루이 16세부터 프랑스혁명 그리고 나폴레옹 시대까지 정치적 성공을 거듭했어요. 그 이유는 '영웅'이라는 이미지를 신고전주의와 결합시킨 미술적 감각과 의지 때문일지도 모릅니다.

조국을 등진 다비드

나폴레옹은 1804년 교황을 초청해 200여 명의 사람들로부터 축복을 받으며 왕위에 올랐습니다. 다비드는 이런 그를 세로 6.3미터, 가로 9.8미터나 되는 엄청난 크기의 〈황제와 황후의 대관식〉에 담아냅니다. 스스로 황제의 관을 쓴 나폴레옹이 부인 조세핀에게도 황후의 관을 직접 씌워 주는 장면을 극적으로 묘사했죠.

그러나 이러한 나폴레옹의 권력도 러시아 원정에 실패하고 영국과의 워털루전투에서 패배하면서 결국 무너지고 맙니다. 나폴레옹이 엘바 섬으로 유배 갈 즈음, 그의 몰락을 예고하는 그림 〈테르모필레스에서의 레오니다스〉가 완성됩니다. 레오니다스는 그리스와 페르시아의 전쟁에서 스파르타 군 300명과 함께 테르모필레 협곡에서 전사한 왕입니다. 이 그림에서 다비드 자신과 나폴레옹의 마지막 모습을 은유적으로 표현한 것

테르모필레스에서의 레오니다스 1814년 | 캔버스에 유화 | 395×531㎝ | 파리, 루브르 박물관

입니다. 실제 나폴레옹은 엘바 섬에서 성공적으로 탈출했지
만, 워털루전투에서 패배하면서 다시 세인트헬레나 섬으로 유
배를 갑니다. 1820년 그곳에서 세상을 떠났습니다.

황제와 황후의 대관식
1805~1807년 | 캔버스에 유화 | 6.3×9.8m | 파리, 루브르
박물관

나폴레옹의 워털루전투 패배 소식을 들은 다비드는 브뤼셀로 망명하기로 결정합니다. 그의 정치적 위상과 화가로서의 입지가 모두 무너지게 된 것을 스스로 깨달았기 때문이죠. 또 로베스피에르가 몰락했을 때처럼 늙은 몸을 이끌고 다시 감옥에 가고 싶지 않아서이기도 하고요.

다비드는 브뤼셀에서 초상화를 그리기도 하고, 예전 그림을 다시 그려 보기도 했지만 젊은 날의 명성에는 미치지 못했죠. 평생 그림에서 손을 뗄 수 없었던 그는 1825년 조국으로 돌아가지 못한 채 세상을 떠나게 됩니다.

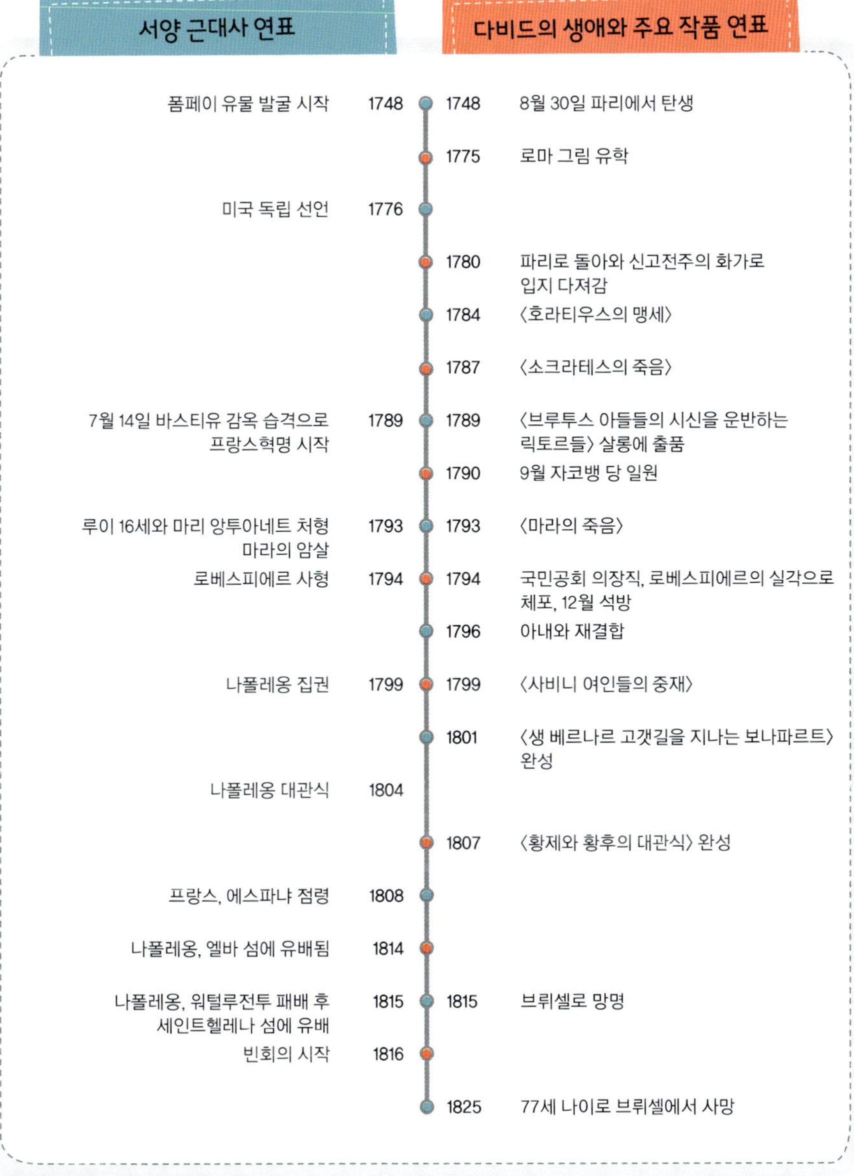

서양 근대사 연표

다비드의 생애와 주요 작품 연표

폼페이 유물 발굴 시작	1748	1748	8월 30일 파리에서 탄생

1775	로마 그림 유학

미국 독립 선언	1776

1780	파리로 돌아와 신고전주의 화가로 입지 다져감
1784	〈호라티우스의 맹세〉

1787	〈소크라테스의 죽음〉

7월 14일 바스티유 감옥 습격으로 프랑스혁명 시작	1789	1789	〈브루투스 아들들의 시신을 운반하는 릭토르들〉 살롱에 출품
1790	9월 자코뱅 당 일원

루이 16세와 마리 앙투아네트 처형 마라의 암살	1793	1793	〈마라의 죽음〉
로베스피에르 사형	1794	1794	국민공회 의장직, 로베스피에르의 실각으로 체포, 12월 석방
1796	아내와 재결합

나폴레옹 집권	1799	1799	〈사비니 여인들의 중재〉

1801	〈생 베르나르 고갯길을 지나는 보나파르트〉 완성

나폴레옹 대관식	1804

1807	〈황제와 황후의 대관식〉 완성

프랑스, 에스파냐 점령	1808

나폴레옹, 엘바 섬에 유배됨	1814

나폴레옹, 워털루전투 패배 후 세인트헬레나 섬에 유배	1815	1815	브뤼셀로 망명
빈회의 시작	1816

1825	77세 나이로 브뤼셀에서 사망

무적함대,
이성과 과학에 침몰되다

에스파냐의 흥망성쇠를 그린 고야

저물어 가는 에스파냐

에스파냐는 한때 로마 교황청을 정복하고 무적함대의 위용을 떨치는 최강대국이었습니다. 콜럼버스를 통해 15세기에는 아메리카 대륙을 발견했으며, 피사로를 통해 16세기 전반 잉카제국을 멸망시키기도 했습니다. 이들은 거대한 식민지와 막대한 금과 은의 수입으로 엄청난 부를 이루었지만 점점 유럽이라는 주 무대에서는 희미한 존재가 되고 있었습니다. 그리고 결국 19세기 초에는 나폴레옹에게 정복당하기도 하지요. 이 거대 제국 에스파냐는 왜 무너질 수밖에 없었을까요?

이에 대한 역사적 해답을 찾기 위해 18세기 후반부터 19세기 전반까지 에스파냐 궁정화가를 지낸 고야의 작품을 통해 당시 이 나라의 역사를 따라가 볼까 합니다. 고야는 세속적인 출세와 예술가로서의 미학적 완성을 이룬 빛나는 화가입니다.

그리고 당대의 전쟁의 참혹함까지 고발한 증언자로서의 역할
도 수행했죠. 자, 그와 함께 18세기 후반에서 19세기 전반까지
의 에스파냐로 가 봅시다.

개인적 출세와 진정한 예술 사이를 줄타기한 고야

고야는 1746년 에스파냐의 작은 도시 펜테토도스에서 태어
났습니다. 자신의 재능을 일찍 깨닫고 이탈리아 여행을 통해 자

겨울 1786~1787년 | 캔버스에 유화 | 275×293㎝ | 마드리드, 프라도 미술관

신만의 미술 세계를 서서히 구축해 나갑니다. 누구보다도 출세에 대한 욕망이 컸던 그는 15만 명의 인구가 살고, 전 세계 다양한 물품이 쏟아지는 수도 마드리드로 진출했지요. 그리고 그는 친인척의 인맥과 자신의 재능으로 귀족들에게 작품을 주문받게 됩니다. 1786년에 그린 〈겨울〉은 그의 미술적 독창성이 드러난 대표작입니다.

하지만 그의 솜씨가 제대로 드러난 분야는 초상화였습니다. 18세기 전형적인 귀족층의 자세-다소 거만하면서도 화려하고 우아한 자세를 취한 그림 주문이 쇄도했는데 대표적인 작품이 〈폰테호스 후작부인〉입니다. 당시 유행하던 프랑스식 패션이 고야의 개성적 필치로 인해 더욱 잘 드러난 것이죠. 펠리페 2세의 무적함대가 영국에게 침몰당한 후, 유럽의 주도권은 영국과 네덜란드, 프랑스로 넘어가

폰테호스 후작부인 1786년경 | 캔버스에 유화 | 212×126cm | 미국 워싱턴 내셔널갤러리

있었습니다. 또한 종교개혁의 후유증과 절대왕정의 분위기가 섞여 있었고, 근대를 밝히는 계몽의 불빛이 타오르고 있었지요. 이미 18세기 중반 디드로의 『백과전서』가 출판되었습니다. 하지만 패션과 문화는 태양왕 루이 14세의 영향을 받은 프랑스의 독무대였습니다. 에스파냐 귀족들도 이런 프랑스식 패션을 소비하며 귀족의 스타일을 유지하고 있었으니까요.

〈플로리다블랑카 백작의 초상〉이나 〈돈 루이스 왕자 가족의 초상화〉 등에서 알 수 있듯이 귀족의 취향에 맞는 그림을 그린 고야는 왕가와 귀족들에게 매우 인기 있는 작가로 출세했습니다.

프란시스코 고야(Francisco José de Goya y Lucientes, 1746~1828)

스페인의 대표적인 낭만주의 화가이자 판화가이나. 궁정화가이자 기록화가로서 많은 작품을 남겼다. 18세기 스페인 회화의 대표작가로 특히 고전적인 경향에서 떠나 인상파의 시초를 보인 스페인 근세의 천재 화가이다. 후기 로코코 시대에는 왕조 풍의 화려함과 환락의 덧없음을 다룬 작품이 많지만 이후 중병을 앓은 체험과 나폴레옹군의 에스파냐 침입으로 일어난 민족의식으로 악마적 분위기를 풍기는 작품을 주로 그렸다.

플로리다블랑카 백작의 초상 1783년 | 캔버스에 유화 | 262×166㎝ | 마드리드, 우르키호 은행

이런 귀족들의 화려함 뒤에는 에스파냐 사회의 중세적인 어둠이 가려져 있었어요. 르네상스의 빛나는 이성과 합리주의는 피레네 산맥을 너머 에스파냐까지는 전달되지 못한 것이죠. 오스트리아의 합스부르크 왕가가 멀리 헝가리부터 이 에스파냐까지 유럽 대부분의 국가를 통치했지만 에스파냐만큼은 중세 시절보다 못한 국가 체제를 갖추고 있었다는 것이 역사가들의 평입니다. 게다가 이슬람을 막고 가톨릭을 지켜야 한다는 숭고한 종교적 보수성이 에스파냐를 거미줄처럼 엮고 있었지요. 그래서 18세기까지 에스파냐 대학에서는 계몽사상 대신 여전히 고대 그리스 철학을 가르쳤습니다. 또한 가톨릭을 지켜야 한다는 이유로 마녀 재판과 유사한 성격의 종교재판소를 운영해 엄격하게 사회를 통제했습니다. 그렇

돈 루이스 왕자 가족의 초상화 | 1783년 | 캔버스에 유화 | 248×330㎝ | 이탈리아 파르마

다고 민중들이 이를 순건히 감내한 것도 아닙니다. 사람들은 오히려 무지몽매함 속에서 미신 승배에 빠져 있었어요.

에스파냐에는 프랑스혁명의 배경 중 하나였던 디드로와 달랑베르의 『백과전서』 등의 이성과 과학에 관한 지식이 발 디딜 틈이 없었습니다. 그래서인지 이 책에는 에스파냐를 이 세상에서 가장 낙후된 국가로 묘사해서 에스파냐의 심기를 불편하게 만들었다고도 하네요.

꼭두각시 | 1791~1792년 | 캔버스에 유화 | 267×160㎝ | 마드리드, 프라도 미술관

한편, 오스트리아 왕위 계승 전쟁으로 에스파냐의 왕위가 오스트리아 합스부르크 왕가에서 부르봉 왕가로 교체되었습니다. 부르봉 왕가 루이 14세의 손자인 펠리페 5세가 에스파냐의 새로운 왕이 된 것입니다. 이 때문에 에스파냐 내부에서도 전쟁이 벌어져 국력은 더욱 기울어져 갔지요.

경제적으로는 영국의 산업혁명과 그로 인한 자본주의 상품 경제가 등장했는데 에스파냐는 라틴아메리카의 금과 은에만 기대고 있었어요. '보이지 않는 손'을 주장한 애덤 스미스가 이미 『국부론』에서 이런 에스파냐의 식민 경영을 비판하고 있을 정도였지요. 게다가 에스파냐의 부르봉 왕가는 이런 정치·경제적 변화와 시대적 흐름, 사회 개혁에 무관심했지요.

카를로스 3세가 계몽 군주로서 그나마 일정 정도 에스파냐 개혁을 추진했지만 그도 잠시뿐, 뒤를 이은 카를로스 4세는 아예 자신의 왕비와 재상 고도이에게 정치를 맡겨 버립니다. 벽걸이 양탄자를 만들기 위해 고야가 그린 〈꼭두각시〉에 무표정한 얼굴로 공중에 떠 있는 꼭두각시가 카를로스 4세를 풍자한 인물이라는 해석도 있습니다(혹은 당시 에스파냐에서도 근대적인 여성의 활동이 두드러진 모습을 고야가 포착해서 그린 장면이라는 설도 있지요).

이런 어수선한 정치 상황에서도 고야는 궁정화가로 부와 명성을 누렸는데요, 그에게도 개인적인 고난이 닥칩니다. 1792년

안경 쓴 자화상 | 1797~1800년 | 캔버스에 유화 | 63×49㎝ | 바욘, 레옹 보나 미술관

프랑스의 제1공화정이 선포될 즈음, 이름 모를 병에 시달린 후 청력을 잃게 된 것이죠. 〈안경 쓴 자화상〉에는 이 시기 시력까지 나빠진 고야의 모습이 역력하게 드러납니다. 이런 육체적 고통 속에서 오히려 고야는 왕성한 활동을 펼칩니다. 개인적 상상력을 새긴 동판화 연작 〈변덕〉을 제작한 것이죠. 자신의 고난 때문인지 80점으로 이루어진 이 판화 작품은 대부분 어둡고 환상적이며 냉소적인 이상야릇한 풍경을 보여 줍니다. 대표작 〈이성의 잠은 괴물을 낳는다〉에는 어두운 밤 여러 날짐승에 포위된 채 꿈을 꾸는 화가가 등장합니다. 이 그림에 대해 고야는 '상상이 이성과 결합되면 모든 예술의 어머니, 모든 경이로움의 원천이 된다'는 해설을 붙였습니다. 그래서 어떤 학자는 '온갖 모순을 갖고 있는 상징'이라고도 했습니다.

이성의 잠은 괴물을 낳는다 1797~1798년 | 에칭과 애쿼틴트 | 21.6×15.2㎝ | 릴 미술관

나폴레옹에 저항하는 에스파냐 민중을 그리다

이 시기에는 훗날 인상주의 화가 마네에게 큰 영향을 미친 〈옷 입은 마하〉와 〈옷 벗은 마하〉를 그리기도 했습니다. 이런 개인적 활동과 함께 여전히 궁정화가로서의 활동도 계속합니다. 대표적인 작품이 에스파냐 왕가를 그린 〈카를로스 4세와 그의 가족〉입니다. 이 그림은 오늘날까지 회자되는 명화가 되었죠. 이 그림이 높은 평가를 받는 이유는, 그 이전까지 왕의 모습을 고귀하고 위엄 있게 표현한 것과 달리 왕과 그의 가족들의 특징을 날카롭게 관찰해 전혀 아름답지 않게 그렸기 때문입니다. 여기엔 멍청해 보이는 왕과 게으르고 사나워 보이는 왕비의 얼굴이 가감 없이 드러나 있습니다.

바로 이 점이 고야가 뛰어난 화가로 대접받는 이유입니다. 궁정화가이면

옷을 벗은 마하 1797~1800년 | 캔버스에 유화 | 97×190㎝ | 마드리드, 프라도 미술관

옷을 입은 마하 1800~1805년 | 캔버스에 유화 | 95×190㎝ | 마드리드, 프라도 미술관

카를로스 4세와 그의 가족 1800~1801년 | 캔버스에 유화 | 280×336㎝ | 마드리드, 프라도 미술관

서도 아첨하지 않고 자신만의 눈으로 예리하게 대상을 그렸습니다. 물론 그 속엔 카를로스 4세에 대한 반감과 조롱도 숨어 있겠죠. 그런데 당시 이 그림을 본 카를로스 4세와 마리아 왕비는 이 그림이 마음에 들어 엄청난 금액을 고야에게 지불했다고 합니다. 그림 가장 왼편 어둠 속에 고야 자신도 그려져 있습니다. 왕의 가족 속에 숨어 있는 화가의 표정이 무엇을 말하려는지 매우 흥미롭습니다.

이런 무능한 왕가에 대해 일격을 가한 것은 프랑스혁명의 자유를 전파하겠다며 스스로 황제에 오른 나폴레옹입니다. 1808년 카를로스 4세와 아들 페르난도 7세 왕자 간의 왕위 계승 다툼과 재상 고도이의 무능력한 정치가 에스파냐를 혼돈에 빠트릴 무렵, 나폴레옹이 마드리드에 침입했습니다. 꾀 많은 나폴레옹은 에스파냐 왕가가 프랑스로 건너와야 한다는 조건의 협상을 제안했어요. 여기에 넘어간 에스파냐 부르봉 왕가는 나폴레옹에게 사로잡히는 신세가 되었습니다. 나폴레옹은 보란 듯이 자신의 형 조제프에게 에스파냐 왕관을 넘겨줍니다. 그가 바로 호세 1세입니다.

에스파냐 사람들 중에는 무능한 에스파냐 왕가 대신 진보적이며 자유와 평등을 유럽에 퍼트린다는 나폴레옹의 등장을 내심 반겼던 사람도 있었습니다. 고야도 그중 하나였지요. 프랑스의 계몽주의적 개혁이 에스파냐에도 필요하다고 느낀 것입니다. 한때 유럽 대부분의 지식인과 예술가들은 나폴레옹이 퍼트릴 자유와 평등의 진보성을 응원하기도 했습니다. 음악가 베토벤이 대표적 인물이지요. 그러나 나폴레옹은 그것을 명분으로 삼은 정복자에 지나지 않았어요. 자신의 형을 에스파냐의 왕으로 임명하며 부르봉 왕가와 다름없는 통제와 억압을 가합니다.

결국 에스파냐 민중은 진보와 자유의 가치는 스스로 쟁취할 수밖에 없음을 깨닫고 일명 '반도 전쟁'이라는 독립 전쟁을 일으키게 됩니다. 그리고 흔히 우리가 '게릴라전'이라고 부르는 작은 전쟁을 에스파냐 곳곳에서 치열하게 전개합니다. 특히 압제 속에서 신음하던 하층민들이 조국을 위해 많은 목숨을 바쳤지요.

간교한 화가인가 시대를 직시한 예술가인가

이러한 민중 봉기와 독립 전쟁을 기념해 고야가 그린 두 점의 작품이 〈1808년 5월 2일〉과 〈1808년 5월 3일〉입니다. 물론 호세 1세 시절에는 꿈도 꾸지 못했을 일입니다. 그는 그때 여전히 궁정화가였고, 심지어 그가 준 훈장도 받았어요. 그렇다면 이 그림들은 언제 제작된 걸까요? 1814년 프랑스군이 물러

1808년 5월 2일 ┃ 1814년 | 캔버스에 유화 | 266×345㎝ | 마드리드, 프라도 미술관

민중을 이끄는 자유의 여신 ┃ 들라크루아 作 | 1830년 | 캔버스에 유화 | 260×325㎝ | 파리, 루브르 박물관

가고 페르난도 7세가 에스파냐로 복귀했을 때, 고야는 자신이 먼저 이 그림들을 그리겠다고 나섰습니다. 〈1808년 5월 2일〉은 민중 시위를 그린 최초의 근대적 회화로 들라크루아의 〈민중을 이끄는 자유의 여신〉에 큰 영향을 미쳤습니다. 프랑스군 소속의 이집트 기마병과 마드리드 민중 간의 전쟁을 그린 이 그림은 마치 투우 장면을 묘사한 것 같습니다. 말 아래로 떨어지는 기마병과 이를 찌르려는 투사의 대비되는 몸짓은 실제 투우 현장의 모습처럼 실감나고 생생하지요.

후자의 그림은 다음 날인 5월 3일 벌어진 프랑스군의 보복을 그린 것입니다. 여기에서는 그림이 한가운데로 몰리지 않고 희생자와 처형자 모습이 양쪽으로 극명하게 갈라졌습니다. 왼편에 죽음에 대한 공포와 삶에 대한 마지막 미련이 뒤엉켜 있다면 오른편에는 획일적인 군인들의 모습이 보이지요. 실제 프랑스군은 당시 마드리드 각지에서 약 300명 정도를 총살했다고 전해집니다. 또한 이 그림은 훗날 마네의 〈막시밀리안 황제의 처형〉과 피카소의 〈한국에서의 학살〉에 영향을 미칩니다. 이렇게 고야의 그림은 당시 역사를 생생하게 증언했다는 점과 인상주의 작가들에게 큰 영향을 미쳤다는 점에서 오늘날까지 주목받고 있습니다.

한편, 나폴레옹이 물러가고 에스파냐의 페르난도 7세가 다

1808년 5월 3일 | 1814년 | 캔버스에 유화 | 266×345㎝ | 마드리드, 프라도 미술관

막시밀리안 황제의 처형 | 마네 作 | 1867~1868년 | 캔버스에 유화 | 252×305㎝ | 독일, 바덴 국립미술관

시 왕정에 올랐습니다. 페르난
도 7세는 이러한 민중 봉기의
순수한 열정과 의미를 퇴색시키
려는 듯 개혁과 거리가 먼 왕권
강화 정책을 내세웁니다. 에스
파냐 민중들이 힘겹게 만든 자
유주의적 헌법을 무시하고 신분
제 의회와 종교재판소를 부활시
키는 등 다시 과거로 돌아간 것
이죠. 이때 고야는 여전히 궁정
화가로서 〈왕의 망토를 두른 페
르난도 7세〉의 초상화를 그리는
한편, 자신의 눈에 비쳤던 전쟁
의 어두운 그림을 독자적으로
그려 나갑니다. 동판화로 제작

왕의 망토를 두른 페르난도 7세　1814년 | 캔버스에 유화 | 212×146cm |
마드리드, 프라도 미술관

한 〈전쟁의 참화〉 시리즈에 동시대를 살아간 화가의 생생한 경
험을 담았습니다. 여기엔 그 어떤 승전보도, 전쟁 영웅도 없습
니다. 오로지 외면하고 싶은 전쟁의 참혹성과 인간의 잔인함만
이 존재하지요. 그래서 고야는 이 판화로 진정성이 깃든 전쟁
화를 그린 최초의 화가라는 평가를 받습니다. 이 연작 중 하나

묘지로 가는 수레마차 1812~1815년 | 에칭과 애쿼틴트 | 15.5×20.5㎝

인 〈묘지로 가는 수레마차〉는 당시 상황을 잘 보여 줍니다.

페르난도 7세의 정치적 암흑기 속에서 고야는 〈옷을 입은 마하〉 등이 외설적이라는 이유로 종교재판소에 고발되는 일을 겪습니다. 일흔의 고야는 일명 '귀머거리의 집'으로 이름 붙인 곳에서 자신만의 창작 활동을 하다 프랑스로 떠나 그곳에서 정착하죠. 에스파냐의 폐쇄적 정치·사회 공간보다 자유로운 프랑스를 선택한 것인지도 모릅니다. 이곳에서 그는 1828년 82세로 생을 마감하게 됩니다.

그에겐 출세를 향한 야망의 화가부터 사회 참여적인 혁명가 그리고 어두운 상상력을 마음껏 분출한 화가라는 여러 별명이 있습니다. 지난 신고전주의의 다비드가 혁명에 직접 뛰어들었다면 그는 이와는 정반대의 방식으로 동시대와 호흡하며 다양한 작품을 남겼습니다.

**3부
참고문헌**

김광우, 『다비드의 야심과 나폴레옹의 꿈』, 미술문화, 2003
남경태, 『종횡무진 서양사』, 그린비, 1999
데이비드 어윈, 정무정 옮김, 『신고전주의』, 한길아트, 2004
박갑영, 『(청소년을 위한) 서양 미술사』, 두리미디어, 2001
새러 시먼스, 김석희 옮김, 『고야』, 한길아트, 2001
에드먼드 버크, 이태숙 옮김, 『프랑스 혁명에 관한 성찰』, 한길사, 2008
엘리자베스 런데이, 최재경 옮김, 『미술시간에 가르쳐주지 않는 예술가들의 사생활』, 에버리치홀딩스, 2010
엘케 폰 라치프스키, 노성두 옮김, 『프란시스코 데 고야』, 랜덤하우스코리아, 2006
장 마생, 양희영 옮김, 『로베스피에르, 혁명의 탄생』, 교양인, 2005
조이한, 『혼돈의 시대를 기록한 고야』, 아이세움, 2008
편집부, 『다비드』, 재원, 2004

서양 근대사 연표	연도	고야의 생애와 주요 작품 연표
	1746	고야 탄생
카를로스 4세 에스파냐 왕으로 임명됨	1788	
7월 14일 바스티유 감옥 습격으로 프랑스혁명 시작	1789	궁정화가로 임명됨
프랑스 공화국 선언됨	1792	청력상실, 〈꼭두각시〉 완성
루이 16세와 마리 앙투아네트 처형됨 /	1793	
프랑스, 에스파냐와의 전쟁 선포 / 에스파냐 정치가 고도이 프랑스와 바젤화약 체결	1795	왕립 아카데미 감독에 임명 알바 공작 초상화 제작
	1798	〈이성의 잠은 괴물을 낳는다〉 완성
나폴레옹 집권	1799	수석 궁정화가에 임명
	1800	〈옷을 벗은 마하〉 완성
	1801	〈카를로스 4세의 가족 초상화〉 완성
	1805	〈옷을 입은 마하〉 완성
프랑스, 에스파냐 점령 / 에스파냐 – 고도이 몰락, 카를로스 4세 퇴위, 왕위 계승자 페르난도 7세 추방됨, 내전 시작, 시민 봉기 진압됨	1808	
	1810	〈전쟁의 참화〉 연작 시작 〈조제프 보나파르트 초상화〉
나폴레옹 패배 및 실각, 페르난도 7세 에스파냐에 복귀 /	1814	〈1808년 5월 2일〉〈1808년 5월 3일〉, 〈왕의 망토를 두른 페르난도 7세〉
빈회의 시작	1816	
	1828	4월 16일 사망

혁명과 나폴레옹

종교개혁 이후 17세기와 18세기의 유럽은 시민혁명이라는 거대한 변화와 맞닥뜨리게 됩니다. 이미 17세기에 영국에서는 전쟁 비용을 마련하기 위해 과세를 요구하는 찰스 1세와 의회의 대립이 내란으로 확대되었으며(1642년) 크롬웰이 왕당파를 격파하고 공화정을 수립하는 청교도혁명(1640년)이 일어납니다. 크롬웰의 독재정치가 이어지다 그가 죽고 난 후 찰스 2세와 제임스 2세 등의 전제군주가 일시적으로 다시 등장합니다. 그러자 영국 의회는 다시 왕을 폐위하고 '의회의 승인 없이 과세할 수 없으며 법을 집행할 수 없다'는 말로 유명한 권리장전을 통과시키며 명예혁명을 성공시킵니다. 이후 영국은 명예혁명으로 추대된 메리와 윌리엄이 공동 왕으로 등극하지만 정치는 의회 중심으로 이뤄지는 근대적 입헌군주제로 발전됩니다.

한편, 영국의 식민지였던 북아메리카 13개 주는 영국의 차별과 각종 세금 부과에 반발하며 '대표 없는 곳에 과세할 수 없다'는 주장을 펼치며 영국을 상대로 독립 전쟁을 펼칩니다. 이들은 1776년 조지 워싱턴을 중심으로 천부인권과 주권재민이 명시된 독립 선언서를 발표하고 독립 전쟁을 승리로 이끌죠. 이로써 연방 정부가 수립되며 오늘날의 미국이

탄생했습니다.

　하지만 역시 유럽 전역과 세계사를 뒤흔든 혁명은 뭐니 뭐니 해도 1789년 프랑스혁명입니다. 프랑스혁명은 모든 것을 휩쓸고 모든 것을 바꾼 혁명이라는 평가를 받습니다. 10년 동안 프랑스는 전제군주제를 무너뜨리며 가능한 모든 근대적 정치 실험을 다 해 봅니다. 입헌군주제, 공화정 그리고 다시 제정으로의 복귀까지 말이지요. 심지어 그 과정에서 사회주의적 정치 지향과 이를 지지하는 세력도 등장합니다. 10년간의 혁명과 정치 실험 속에는 이후 200여 년의 세계사적 정치 흐름이 응축되어 있었습니다. 그래서일까요? 반혁명 세력을 처단하기 위해 고안된 단두대에 루이 16세부터 급진파 혁명 지도자 로베스피에르까지 목을 내놓아야 했습니다.

　이런 정치적 격변 속에서도 유럽은 인간의 존엄성과 자유, 평등, 박애 정신을 세계사적으로 전파하는 데 결정적 기여를 함으로써 확실히 근대 세계를 열었다고 볼 수 있습니다. 프랑스 인권 선언에는 '사람들은 자유롭게 태어났다'가 제1조에 명시되었으며 혁명 내내 모든 특권과 제약에서 해방과 평등 사회를 지향하는 흐름이 나타납니다. 그 속에서 근

대 세계의 두 계층, 즉 자본가와 노동자가 시민이라는 공통분모 속에서 때론 연합하고 때론 분열과 투쟁을 하며 새로운 역사의 주인공으로 등장합니다.

그리고 또 하나, 이 혁명의 열기를 흡수한 나폴레옹을 빼놓고 당시 유럽을 이야기할 수 없습니다. 나폴레옹은 혁명을 지지했고 직접 참여했습니다. 또한 이를 지키기 위한 오스트리아와의 전쟁에서 혁혁한 공을 세워 프랑스의 미래를 밝게 빛내 줄 인물로 떠오릅니다. 그는 이런 상황을 마다하지 않았습니다. 오히려 개혁을 위한다는 명목 아래 강력한 권력을 원하게 됩니다. 나폴레옹은 국민투표로 황제에 즉위한 후 넬슨의 영국 해군에는 패했지만 오스트리아에서 러시아까지 점령했고 신성로마제국을 공중분해합니다. 그러나 영국을 몰락시키기 위해 실시한 대륙봉쇄령이 오히려 독이 되어 러시아 원정에 실패하면서 상황이 뒤바뀌지요. 결국 엘바 섬에 유배됩니다. 엘바 섬에서 탈출해 일시적으로 재기했지만 곧 워털루전투에서 패배하며 세인트헬레나 섬에서 최후를 맞습니다.

4부

화가,
근대를
알리다

나폴레옹 이후 유럽은 오늘날 다수의 국가가 지향하는 국민주권 국가와 자본주의 경제체제를 지향해 갑니다. 이와 함께 근대 유럽의 어두운 면을 대체하기 위한 사회주의도 등장하지요. 그리고 이 속에서 서양의 근대는 다양한 개인들과 마주하게 됩니다. 때로는 자본주의적 문화를 즐기기도 하고 다양한 공동체를 통한 정치적, 사회적 실험을 하기도 했습니다. 물론 개인의 내면에 침잠하는 경우도 있습니다. 4부에서는 아직 혁명의 포화가 가시지 않은 상황에서 낭만주의를 이끈 들라크루아와 그와는 반대로 사실주의를 선택한 쿠르베를 만나 보려 합니다. 또한 현대 문화를 그림으로 보여 준 마네와 고독한 개인이었던 고흐를 통해 19세기 유럽을 조명하고자 합니다. 이런 화가들의 활동은 사실주의와 낭만주의, 인상주의 등의 예술적 흐름으로 나타났습니다. 이를 통해 우리는 자연스럽게 20세기의 유럽과 21세기 우리의 모습을 대략적으로 그릴 수 있을 것입니다.

낭만주의, 혁명의 반작용으로 탄생하다

자유와 평등을 위해 붓을 든 들라크루아

19세기 유럽과 낭만주의

프랑스혁명과 나폴레옹의 몰락 이후 유럽은 어땠을까요? 프랑스혁명 이전의 왕정 시대를 그리워하는 구세력과 더 많은 자유를 바라는 시민계급, 평등을 원하는 노동자 계급이 공존하고 있었습니다. 그리고 이 모든 것을 축소판처럼 보여 주는 나라도 여전히 프랑스였지요.

19세기 유럽에는 프랑스혁명과 나폴레옹 전쟁으로 자유주의와 민족주의가 확산되었습니다. 하지만 전후 처리를 위해 열린 빈회의에서 내린 결론은 프랑스혁명 이전의 절대왕정으로 돌아가는 것이었습니다. 반동 복고적 성격의 빈체제는 일명 메테르니히 체제라고도 합니다. 여기에 맞서 유럽 민중들의 혁명적 운동 및 자유를 확산시키려는 의지가 충돌했지요. 이번에는 이런 사회 분위기와 시대상을 '낭만주의'라는 예술을 통해 드러낸 프랑스의 화가 들라크루아를 만나려 합니다. 그의 미술 작품 속에서 그 당시 사회적 갈등과 위기 그리고 개개인에게 닥친 현실이 어떻게 구체화되어 나타났는지 살펴봅시다.

나폴레옹 이후의 프랑스

들라크루아는 로베스피에르의 공포정치가 끝나고 온건파에 의한 총재정부가 자리하고 나폴레옹이 서서히 주목받던 1798년 파리 근교에서 태어났습니다. 외무장관이었던 아버지의 영향으로 한창 떠오르던 시민계급의 문화적 혜택을 받고 자랐지요. 그렇지만 부모가 일찍 세상을 뜨면서 그 축복은 일찌감치 끝나고 맙니다. 직접 생활을 헤쳐 나가야 했던 그의 운명이 오히려 미술가로서 재능을 일찍 깨닫게 했는지도 모르겠습니다. 화가의 길로 들어선 들라크루아는 세상의 주목을 받고 싶어 했습니다.

프랑스혁명의 이상이 완전히 뿌리내리지도 못하고, 황제 나폴레옹조차 한순간에 몰락하자 19세기 유럽인들은 무기력해졌습니다. 동시에 새로운 돌파구에 대한 갈증을 느끼고 있었죠. 프랑스혁명의 미완성을 '실패'로 받아들인 그들은 시대에 대한 반항적 모습을 다양하게 표출하고 싶어 했지요. 이런 상황 속에서 들라크루아가 선택한 미술의 방향은 다비드의 신고전주의와는 방향이 달랐습니다. 그는 신비함, 격렬함과 함께 감동과 충격을 줄 수 있는 새로운 주제와 양식을 찾았습니다. 그 또한 사회적 위기 상황을 개인적으로 표출한 것이지요.

1824년 들라크루아가 선보인 〈키오스 섬의 학살〉은 프랑스 주류 사회를 뒤흔들어 놓을 정도로 주목받았습니다. 이 그림의 주제는 이슬람 세력인 오스만튀르크의 지배를 받던 그리스가 1822년에 일으킨 독립 전쟁입니다. 들라크루아는 서양문명의 요람으로 숭배 받던 그리스가 이교도의 억압에서 떨쳐 일어나려는 모습을 결코 숭고하게 그리지 않았습니다. 오히려 그리스인들이 잔인하게 학살당하고 무기력하게 죽음을 맞을 수밖에 없는 상황을 충격적으로 표현했지요. 죽음에 대한 공포를 이 그림만큼 잘 보여 준 작품도 없다고 하네요. 들라크루아는 그리스 독립에서 시대의 무기력을 달랠 수 있는 활력을 찾았습니다. 다만 그 방식은 기존의 방식에 대

키오스 섬의 학살 1824년 | 유화 | 417×354㎝ | 파리, 루브르 미술관

한 반항이면서 동시에 너무나 처절한 것이었죠. 그림을 발표한 당시 '회화의 학살'이라는 혹독한 비판이 날아온 것도 이 때문입니다.

2년 뒤 그린 〈미솔롱기 폐허에 선 그리스〉도 비슷한 주제와 시대상을 반영하고 있습니다. 그리스를 지켜 내겠다는 유럽의 지식인과 예술가들의 열정은 남달랐습니다. 영국의 시인 바이런은 직접 이 전투에 참전했다가 미솔롱기 요새에서 전설처럼 죽음을 맞지요. 바이런은 낭만주의 시인으로 기존 세상의 틀을 거부하고 날카로운 풍자나 격정적인 감성, 내적인 고뇌 등의 시적 세계관을 펼친 시인입니다. 그는 유행처럼 번져 나갔던 그리스에 대한 향수를 직접 몸으로 보여 주었고 그리스의

들라크루아(Eugène Delacroix, 1798~1863)

프랑스의 화가로 19세기 낭만주의 예술의 대표자로 손꼽힌다. 1822년 최초의 낭만주의 〈단테의 선척〉을 발표해 당시 화계를 풍미하고 있던 다비드의 고전주의에 대항했다. 자유로운 선의 리듬과 선명하고 아름다운 색채로 새로운 회화의 영역을 편 후, 〈사르다나파르의 죽음〉 등을 발표해 낭만파로서의 지위를 확립했다.

미솔롱기의 폐허에 선 그리스　1826년 | 유화 | 213×142㎝ | 보르도 예술박물관
미술관

독립을 위해 참전했지만 그만 말라리아로 죽고 말았습니다. 그런데 들라크루아는 바이런의 죽음을 그림의 아래쪽 무너진 돌 더미 속에 삐져나온 팔을 통해 은유적이면서 비극적으로 표현했습니다.

『레미제라블』의 작가로 유명한 빅토르 위고는 1827년 낭만주의 예술을 선언합니다. 시대적 모순만큼 자유로우면서도 보수적이며, 복잡한 세상만큼 개인도 다양한 방식으로 표현돼야 한다고 주장했어요. 심지어 추악하고 기괴한 세상의 또 다른 모습도 인정해야 한다는 것이었지요. 이 속에는 시대에 대한 무력감을 여러 대상에 대한 충동적 동경과 갈망으로 나타내는 모든 것이 포함되었습니다. 즉, 자연에 대한 동경을 나타내는 풍경화부터 내적 자아에 대한 확인까지 그리고 그리스에 대한 동경부터 이국적인 것까지 폭넓게 아우르고 있어요.

한편, 앞에서 등장했던 시인 바이런은 동양의 전제군주 아시리아의 왕 사르다나팔로스의 몰락을 주제로 시극을 썼습니다. 들라크루아는 여기서 영감을 얻어 〈사르다나팔로스의 죽음〉을 그렸어요. 이 그림을 통해 그는 도덕, 이상과는 거리가 먼 잔혹한 주제를 미적으로 끌어올리며 충격적인 낭만주의의 모습을 세상에 알립니다. 동양의 고대 아시리아 통치자였던 사르다나팔로스는 반역자들에게 패해 곧 죽을 운명에 처하자, 애첩들을 모두 죽이라고 부하들에게 명합니다. 그림은 무표정하게 이 상황을 지켜보는 왕의 모습과 잔혹한 학살의 순간을 극명하게 드러내고 있습니다. 이처럼 소름 끼치는 장면에서 미를 추구한 들라크루아. 그의 미술은 기독교적이며 도덕과 이성을 찬양하던 당대의 흐름을 일순간에 뒤집어 놓았습니다. 반쯤 누운 채 꼼짝하지 않고 있는 왕은 그 당시 무기력하게 무너진 나폴레옹이나 유럽인들을 빗댄 것이라는 평도 있습니다.

이런 일련의 작품들은 모두 서양인의 눈에 비친 동양을 배경으로 하고 있습니다. 여기서 동양은 우리가 속한 동북아시아의 한·중·일이 아니라 북아프리카와 서남아시아의 이슬람 세계를 뜻합니다. 그러다 점차 아시아 전반으로 해석되지요.

예를 들면 19세기 화가들을 비롯해 유럽인들은 일본 문화에
매우 호기심을 가지고 접하게 됩니다. 당시 식민지 개척이나
오스만튀르크와의 접촉 등을 통해 서양은 서서히 동양에 대
해 관심을 가지게 됐어요. 하지만 여전히 자신들은 문명인이
고, 동양은 야만 그 자체라고 여겼습니다. 또 그 속에는 서구
적 이성으로는 이해할 수 없는 동양의 신비감과 그 정취를 동

사르다나팔로스의 죽음 1827년 | 유화 | 395×496㎝ | 파리, 루브르 미술관

경하는 이중적인 시각도 존재합니다. 이를 보통 오리엔탈리즘이라고 하는데, 들라크루아도 예외는 아니었습니다.

민중을 이끄는 자유의 여신

하지만 이들이 이국적 분위기와 공포, 격렬한 감정의 동요만을 활용해 프랑스혁명과 나폴레옹의 그림자에서 벗어나려고 했던 것은 아닙니다. 여전히 자유와 평등이 온전히 갖춰진 사회를 만들고 싶어 했습니다. 이는 1830년 7월 혁명으로 현실화됩니다. 흔히들 1789년의 프랑스혁명을 상징한다고 착각하는 들라크루아의 1831년 작품 〈민중을 이끄는 자유의 여신〉은 사실 7월 혁명의 장면을 생생하게 표현한 매우 정치적인 그림입니다. 빈체제 이후 프랑스는 혁명 이전의 부르봉 왕가로 되돌아갔습니다. 샤를 10세는 시민계급의 선거권을 박탈하고 언론을 탄압했죠. 이에 자유주의적 언론인과 의회주의자들 그리고 물가 폭등과 실업에 불만을 품은 파리 노동자들이 가세해 7월 혁명을 일으켰습니다.

시민계급이었지만 정치적으로 보수적이었던 들라크루아조차도 프랑스의 자유와 평등을 위해 붓을 들었습니다. 그는 7월 혁명을 위해 온몸을 던진 오누이의 이야기를 바탕으로 이 그림을 그렸어요. 왼쪽 아래에는 혁명파로 참여했던 남동생이 이

민중을 이끄는 자유의 여신 1830~1831년 | 유화 | 259×325cm | 파리, 루브르 미술관

미 죽어 있고, 맞은편에는 왕당파의 군인도 쓰러져 있습니다. 동생과 함께 혁명에 참여했던 누이는 이제 동생의 시체를 뒤로한 채, 그들을 위해 달려온 자유의 여신을 올려다봅니다.

일명 '마리안'이라고도 불리는 이 여신은 단정하고 절제된 자태의 여신이 아닙니다. 한 손에는 화승총을, 다른 손에는 자유·평등·박애의 삼색기를 들고 혁명군을 이끄는 열정적인 여신입니다. 그녀 주변에는 중산모*를 쓴 시민계급과 노동계급의 민중이 따르고 있습니다. 이 그림에는 딱히 누가 주인공이라고 하기 애매한 구도 속에서, 프랑스 민중 전체의 혁명에 대한 의지가 드러나 있지요.

그런데 혁명의 결과는 공화정을 요구한 노동계급의 의사와 달리, 시민계급과 자유주의자들의 뜻이 반영된 입헌군주제로 결정되었습니다. 이에 루이 필리프가 '시민 왕'으로 등극하지요. 그는 들라크루아의 〈민중을 이끄는 자유의 여신〉을 비싼 값에 구입한 뒤, 그림의 내용이 너무 선동적이라는 이유로 창고에 보관하게 합니다. 그렇지만 이 그림은 7월 혁명의 결과에 만족할 수 없었던 급진주의자들과 노동계급이 일으킨 1848년 2월 혁명과 함께 다시 세상의 빛을 보게 되지요.

같은 해 6월, 노동자들이 공평한 사회적 분배와 정치적 참정권을 요구하며 봉기를 일으켰지만 곧 실패하자, 자유의 여신은 다시 창고 신세가 됩니다. 그 뒤 1886년 미국 독립 100주년을 기념하며 프랑스는 이 자유의 여신을 높이 46미터, 무게 226톤의 거대한 조각상으로 제작합니다. 이 여신은 '세계를 밝히는 자유'라는 이름으로 오른손에 횃불, 왼손에는 독립 선언서를 들고 미국 뉴욕의 상징이 되었죠.

서구적인, 너무나 서구적인 화가

그렇다고 들라크루아가 정치적이며 선동적인 화가였던 것은 아닙니다. 그는 다만 기존의 질서에서 벗어나 특이하고 색다른 것을 추구했을 따름이었지요. 그의 그림은 때론 급진적이며 때론 보수적이었습니다. 그 속에서 그는 격렬한 감정의 변화를 이끌어 내고, 신비롭고 감성적인 새로운 세계와 색채를 찾았습니다.

그 새로운 세계로 들라크루아를 이끈 것은 바로 동양적 이

알제의 여인들 1834년 | 유화 | 180×229㎝ | 파리, 루브르 미술관

미지와 문학적 환상이었습니다. 그는 1832년 외교 사절단의 수
행원으로 북아프리카 모로코 일대를 여행했습니다. 그곳에서
동양이라는 새로운 세계와 강렬한 태양 빛 아래 드러난 자연의
이색적인 색채를 발견합니다.
〈알제의 여인들〉은 그런 이국
적 정서가 넘쳐 나는 대표작
입니다.

또 1838년 전시한 〈격노
한 메데이아〉에는 그리스 신
화에 등장하는 메데이아와
남편 이아손의 이야기가 담
겨 있습니다. 불륜을 저지른
남편에 대한 복수로 메데이
아는 자기 자식을 죽이기 직
전입니다. 자기 파괴적인 이
모습 속에서 들라크루아는
어떤 진실을 드러내고 싶었
던 걸까요?

이외에도 그는 낭만주의
적 경향성을 문학 작품을 통

격노한 메데이아　1838년 | 유화 | 260×165㎝ | 릴레 미술관

무덤의 햄릿과 호라티우스 | 1839년 | 캔버스에 유화 | 66×81㎝ | 파리, 루브르 미술관

도시를 배회하는 메피스토펠레스 | 1824~1827년 | 석판화 | 27×23㎝ | 파리, 들라크루아 미술관

해 드러내기도 합니다. 셰익스피어의 『햄릿』에 영감을 받아 〈무덤의 햄릿과 호라티우스〉라는 작품을 남겼습니다. 왼편의 해골이 매우 인상적이지요. 또한 괴테의 대작『파우스트』의 프랑스어 번역판에 석판화 17점을 남깁니다. 특히 주인공 파우스트 박사가 아닌 악마 메피스토펠레스를 이야기의 주인공으로 승격시켰다고 하는데요, 그의 낭만주의적 미학이 잘 드러나는 대목입니다.

살아 있는 동안 두 번의 혁명을 겪었으며, 그 자신도 근대 회화의 혁명적 반란자로서 낭만주의를 대표했던 들라크루아. 놀랍게도 그는 말년에 〈천사와 씨름하는 야곱〉을 비롯한 성당 예배당을 장식할 그림을 그리며 예술적 마감을 합니다.

가장 반항적이며 가장 추하고 악마적인 것을 예술로 승화시켰던 그가 기독교적 교리로 돌아간 걸까요? 아니면 천사와 씨름하는 야곱에 자신의 감정을 이입한 걸까요? 어찌됐든 들라크루아는 낭만주의로 인간의 감수성을 일깨우며 색채에 생명력을 불어넣었습니다. 이를 통해 그는 프랑스와 유럽의 시대적 분위기를 그림에 반영했지요. 이런 들라크루아의 미적 영향력은 그 뒤 인상파 등을 통해 더욱 다양한 형태로 퍼지게 됩니다.

천사와 씨름하는 야곱 1854~1861년경 | 벽화, 프레스코화 | 생 쉴피스 교회

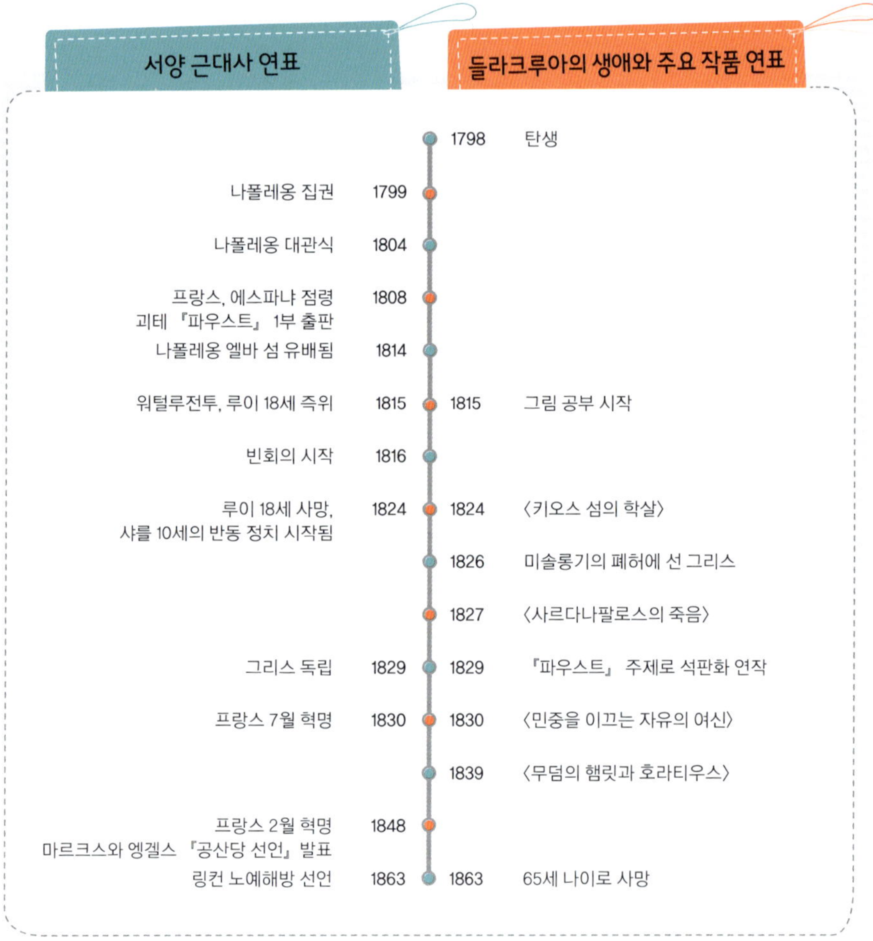

서양 근대사 연표
들라크루아의 생애와 주요 작품 연표

1798   탄생

나폴레옹 집권   1799

나폴레옹 대관식   1804

프랑스, 에스파냐 점령   1808
괴테 『파우스트』 1부 출판
나폴레옹 엘바 섬 유배됨   1814

워털루전투, 루이 18세 즉위   1815   1815   그림 공부 시작

빈회의 시작   1816

루이 18세 사망,   1824   1824   〈키오스 섬의 학살〉
샤를 10세의 반동 정치 시작됨

1826   미솔롱기의 폐허에 선 그리스

1827   〈사르다나팔로스의 죽음〉

그리스 독립   1829   1829   『파우스트』 주제로 석판화 연작

프랑스 7월 혁명   1830   1830   〈민중을 이끄는 자유의 여신〉

1839   〈무덤의 햄릿과 호라티우스〉

프랑스 2월 혁명   1848
마르크스와 엥겔스 『공산당 선언』 발표
링컨 노예해방 선언   1863   1863   65세 나이로 사망

인간과 사회,
그대로의 모습을 그리다

평범함을 통해 예술적 혁명을 일으킨 쿠르베

19세기의 민낯을 공개한 '사실주의'

연예인들의 화장기 없는 민낯이 우연히라도 공개되는 날에는 온갖 뉴스매체에서 호들갑을 떨며 소식을 전합니다. 사실은 그것이 진짜 현실인데 말이지요. 그림에서도 마찬가지입니다. 사람들은 비너스와 천사 등 신화와 종교 속에서 이상적으로 여기고 찬미되는 대상을 그림으로 보고 싶어 합니다. 그런데 19세기 후반 진짜 현실을, 그것도 극히 평범한 일상과 보통 사람들을 그림으로 표현해 내 미술의 혁명을 일으킨 '사실주의'가 등장합니다.

이번에는 교과서에서 '인간과 사회를 있는 그대로 묘사하려 했다'라고 소개하는 화가 쿠르베를 살펴보려 합니다.

사실주의는 19세기 과학의 발달과 실증주의적 경향에 영향을 받았으며 현실을 그대로 드러내는 것에서부터 당시 사회의 문제를 고발하고 성찰하는 것까지 나아갑니다.

'예술을 빈민굴에 처넣었다'는 악평과 맞선 쿠르베

루이 16세의 단두대형을 찬성했던 프랑스혁명의 신고전주의 화가 다비드, 회화의 학살이라는 거센 비난 속에서도 격렬한 감성적 미를 찾았던 낭만주의 화가 들라크루아, 이 둘과 함께 '혁명의 트로이카'라고 불릴 만한 이가 바로 쿠르베입니다. 그는 1871년 세계 최초의 노동자 정부인 파리코뮌에 참여하며 '아름다움보다 진실'을 찾았던 또 다른 혁명 화가입니다. 사실 그는 혁명과 관련된 그림을 단 한 장도 남기지 않았습니다. 역설적이게도 당대 일하는 노동자들과 평범한 아낙네들, 일상적인 시골 풍경이라는 '평범함'을 통해 생생한 당대 현실을 증언하며 예술적 혁명을 불러일으켰지요.

귀스타브 쿠르베는 1819년 프랑스의 콩테 지방 오르낭이라는 시골에서 태어났습니다. 그는 공화주의자 할아버지의 영향으로 일찍부터 공화주의와 반기독교적인 정치적·문화적 입장에 서게 됩니다. 그리고 당시 산업혁명의 결과 등장한 노동자들이 경제적 균등 분배와 정치적 참여를 요구하는 1848년 2월 혁명과 연이은 6월 봉기 등에 신선한 충격을 받은 쿠르베는 더욱 사회주의에 공감했습니다.

파리의 중소 시민계급과 노동자들이 선거권 확대를 요구하며 일어난 1848년의 2월 혁명의 성과로 프랑스는 두 번째 공화정을 세웁니다. 이 혁명은 유럽의 다른 지역에도 영향을 미쳐 자유주의와 민족주의 운동이 확대되는 데 결정적 역할을 합니다. 메테르니히가 이끌었던 복고주의 빈체제는 이제 사실상 붕괴되어 버리지요.

프랑스는 국민투표로 나폴레옹의 조카인 루이 나폴레옹을 최초의 프랑스 대통령으로 선출합니다. 그런데 그 또한 삼촌처럼 의회를 해산하고 두 번째 프랑스 황제(나폴레옹 3세)가 됩니다.

나폴레옹 3세는 대외 팽창을 추구하는 독재정치를 피다 결국 프로이센과의 전쟁에서 패배했지요. 이 와중에 파리에서

귀스타브 쿠르베(Gustave Courbet, 1819~1877)

프랑스의 화가이다. 신고전주의나 낭만주의의 이상화와 공상화를 배격하고, 현실을 솔직히 관찰해서 표현했다. 〈오르낭의 매장〉에서는 반아카데미즘의 태도를 표명, 1850년의 살롱에 출품되어 물의를 일으켰다. 이것을 계기로 그는 사실주의(리얼리즘) 운동의 리더로서 보들레르 등의 지지를 받게 되었다. 1871년 파리코뮌 때에는 방돔 광장 원주 파괴사건에 연루되어 투옥, 그 후 스위스로 망명했다. 그의 객관적 묘사는 인상주의 화가들에게 큰 영향을 미쳤다.

사회주의자와 노동자 중심의 자치 정부인 파리코뮌이 1871년에 수립됩니다.

이런 역사적 상황 속에서 쿠르베는 노동자의 봉기와 투쟁을 각색하지 않고 있는 그대로 연출하는 사실주의 화풍을 열게 됩니다. 1849년 주목을 받게 된 〈오르낭의 저녁 식사 이후〉가 바로 그의 사실주의를 알리는 초기 작품이자 들라크루아로부터 '혁명 화가(정치적인 의미가 아닌 미술사적인 의미에서)'라는 찬사를 받게 한 작품입니다.

오르낭의 저녁 식사 이후 19세기경 | 유화 | 195×257㎝ | 릴 미술관

오르낭의 매장 1849~1850년 | 유화 | 315×668㎝ | 파리, 오르세 미술관

그림에는 고된 하루 일과를 마친 평범한 오르낭 사람들이 방금 소박한 음식으로 저녁 식사를 마친 상황이 재현됩니다. 술을 마셔 취기가 오른 몸을 동료의 바이올린 선율로 추스르고 있는 모습이지요. 있는 그대로의 현실을 보여 주는 표현입니다.

"사실주의란 다른 그 무엇도 아니다. 오로지 이상을 거부하는 것이다."라고 밝힌 쿠르베. 이 말은 그의 대작 〈오르낭의 매장〉에 딱 들어맞습니다. 이 그림은 그리스의 신이나 나폴레옹과 같은 영웅이 아닌 평범한 사람들을 주인공으로 그렸어요. 이웃의 장례식에 삼삼오오 모인 평범한 친구이자 가족들로 꾸며진 이 그림에는 초라한 농촌의 삶과 정서가 그대로 읽힙니다. 당시 사회의 주류는 신흥 자본가 계급이자 시민계급인 부르주아였어요. 그런데 비주류 계층의 사람들을 이토록 큰 그림의 주인공으로 등장시킨다는 것 자체가 당시로서는 담대한 시도였지요.

이와 유사한 맥락의 그림이 〈돌 깨는 사람들〉입니다. 뜨거운 태양 아래 정말 힘들게 돌을 깨뜨리는 어린 석공과 나이 든 석공의 모습을 대칭적으로 표현했습니다. 노동이 신성하고 즐거운 것이라는 그럴싸한 포장이 아니라 정말 힘겹지만 하루하루 먹고살기 위해서 할 수밖에 없는 일, 그것이 진정한 노동자들의 삶이라는 현실의 속살이 그대로 드러납니다. 이 속에 고

돌 깨는 사람들　1849~1850년 | 유화 | 190×300㎝ | 2차 대전 중 소실

상함이나 우아함 그 어떤 것도 끼어들 가능성은 없습니다. 이에 대해 어떤 비평가는 "그 어떤 예술가도 이렇게 위대한 솜씨로 예술을 빈민굴에 처넣을 수는 없을 것"이라고 빈정거렸고 이에 쿠르베는 "예술은 당연히 빈민굴에 처넣어져야 한다."라고 맞받아쳤습니다.

쿠르베가 가장 혹독하게 비난을 받은 그림은 〈목욕하는 여인들〉입니다. 이

목욕하는 여인들 1853년 | 유화 | 227×193㎝ | 몽펠리에, 파브르 미술관

속에는 서양 미술사에서 찬미하는 여성의 아름다운 누드와는 180도 다른, 그야말로 고된 일로 몸매가 망가진 시골 아낙네들의 누드가 있을 뿐입니다. 당시 나폴레옹 3세는 이 작품에 분노해 승마용 채찍으로 그림을 내리쳤다는 일화도 전해집니다. 여기에 굴하지 않고 쿠르베는 〈안녕하십니까, 쿠르베 씨〉라는 작품을 통해 우아한 포즈도, 눈에 띄는 색채도 없는, 아무런

안녕하세요! 쿠르베 씨 1854년 | 유화 | 129×149㎝ | 몽펠리에 파브르 미술관

208

꾸밈없는 구도의 그림으로 당대의 인습에 보란 듯이 항의를 합니다.

파리코뮌에 참여한 화가

사실 사실주의의 대명사로 가장 잘 알려진 화가는 밀레이고, 작품은 그의 대표작 〈이삭 줍는 사람들〉입니다. 하지만 밀레는 자연의 위대함과 노동의 존엄성을 신앙적인 입장에서 그렸다는 점에서 쿠르베와는 성격이 다릅니다. 쿠르베는 당시 주류인 부르주아 세력에게 예술적 충격으로 타협을 거부하며

이삭 줍는 사람들 | 밀레 作 | 1857년 | 캔버스에 유채 | 83.6×111㎝ | 파리, 오르세 미술관

사실주의자로서 예술적 투쟁을 한 것이지요.

자신이 속한 시대의 사회상과 현실을 그리는 그의 사실주의는 고향 선배이자 무정부주의자 그리고 초기 사회주의 사상가였던 프루동의 영향이 매우 크게 작용했습니다. 19세기에는 무정부주의와 사회주의와 같은 기존과 다른 세상을 지향하는 사상과 이론이 등장했습니다. 당시 산업혁명의 빛만큼이나 그림자도 짙었기 때문입니다. 커져 가는 빈부 격차와 비참한 노동 현실에 대한 대안으로 평등을 지향하는 여러 가지 이론이 등장합니다. 프랑스의 생시몽과 푸리에, 영국의 오언 등은 초기 사회주의 사상을 주장했습니다. 그들은 사회적 협동과 행복 추구가 가능한 이상적인 공동체를 지향했지요. 그리고 자본가와 노동자의 계급투쟁을 주장한 마르크스와 엥겔스의 사회주의까지 등장하게 됩니다.

이런 상황에서 프루동은 "재산이란 도둑질한 물건이다."라고 단정하며 재산의 사적 소유를 원칙적으로 부정했습니다. 대신 노동자가 생산수단을 공유하며 개인의 자유의사를 존중하는 협동조합조직을 제시했습니다.

1855년 쿠르베는 '리얼리즘관'이라는 사실주의 개인전을 개최하면서 프루동의 영향을 받아 '자기가 속한 시대의 풍속, 관념, 사회상을 그린다'라는 사실주의를 공식적으로 선

화가의 작업실 1855년 | 캔버스에 유채 | 361×598㎝ | 파리, 오르세 미술관

넌합니다. 이때 작품이 〈화가의 작업실〉입니다. 이 그림의 한 가운데에는 오르낭의 풍경화를 그리는 화가와 이를 지켜보는 평범한 아이와 모델이 있습니다. 그리고 좌우에는 다양한 사람들이 배치되어 있지요. 오른쪽에는 프루동과 시인 보들레르 등 그의 친구이자 후원자들이 자리하고 있습니다. 왼편에는 가난한 사람부터 부유한 사람까지 다양한 인간 군상이

프루동의 초상 1865년 | 캔버스에 유채 | 72×55㎝ | 파리, 오르세 미술관

묘사되어 있죠. 그림 하나에 자신의 사상을 집약해서 나타낸 것입니다. 이 그림은 한때 당시의 체제를 전복하려는 쿠르베의 의도가 담긴 것은 아니냐는 억측을 낳을 정도였습니다. 실제 쿠르베는 1871년 파리코뮌이라는, 프랑스 민중들이 세운 최초의 사회주의 자치 정부에 참여하면서 프루동의 영향을 직접 실천해 보려 합니다. 훗날 쿠르베는 자신에게 이렇게 영향을 끼친 프루동을 위해 〈프루동의 초상〉이라는 그림을 남겼습니다.

1870년 프로이센을 중심으로 한 독일의 통일을 방해하려던 나폴레옹 3세의 프랑스 정부는 전쟁에서 지고 말았습니다. 파리코뮌은 이 무능한 프랑스 정부에 반발해 노동자 등의 프랑스 민중이 중심이 되어 1871년에 세운 자치 정부입니다. 프로이센-프랑스 전쟁에서 나폴레옹 3세는 포로가 되었고 비스마르크의 프로이센은 베르사유 궁전에서 독일 제국을 선포합니다.(이때 알자스-로렌 지역이 독일 영토가 되었습니다. 이는 알퐁스 도데의 소설 『마지막 수

. 그리고 굴욕적인 강화조약이 비준 되자 이에 반발한 민중들이 자치정부, 즉 코뮌을 구성합니다. 코뮌 정부는 철저한 민주주의와 민중의 정치 참여, 10시간 노동, 최저 생계 보장, 종교와 정치의 분리 등 진보적 사회 개혁을 주장하며 자치 질서를 유지합니다. 이때 쿠르베는 평소의 신념에 따라 미술가동맹의 의장이 되어 적극적으로 참여했으나 파리코뮌이 점차 과격해지자 사임합니다. 수립된 지 두 달만에 파리코뮌은 프로이센의 지원을 받은 정부군에 의해 3만여 명의 희생자를 내며 진압됩니다. 한편으로 프랑스 정부는 제3공화정을 수립하기도 하지요. 이 일로 쿠르베 또한 체포되어 실형을 선고받고 생 펠라지 감옥에서 형을 치릅니다.

예술적 진실을 드러내는 만큼이나 현실에 참여한 쿠르베

쿠르베의 감옥살이 모습은 〈생 펠라지 감옥에서의 자화상〉이라는 그림으로 남았습니다. "회화란 본질적으로 구체적인 예술이요, 오로지 실재하고 존재하는 것만을 표현하는 예술이다. 회화는 철저히 물질적인 언어인 것이다."라는 신념을 간직하며 사실주의를 개척했던 화가는 예술적 진실을 드러내는 것만큼 실제 자신의 정치적 입장을 관철하는 데 주저하지 않았던 것입니다. 그러나 코뮌의 붕괴 이후 그는 매우 불운한 일

1872년 | 캔버스에 유채 | 92×72㎝ | 오르낭, 쿠르베 미술관

들을 겪게 됩니다. 파리코뮌에 참여했던 전력과 나폴레옹을 기념하는 방돔 광장의 기념탑을 없애기로 한 진보적인 결정이 화근이 되어 계속해서 고초를 겪죠. 미술전 참여가 원천적으로 불가능해지고 나폴레옹 기념탑의 재건축 비용 청구 소송을 당하며 전 재산과 그림이 압류되는 지경에 이르렀습니다.

쿠르베는 결국 프랑스를 떠나 스위스로 망명합니다. 이곳에서 그는 〈쉬롱의 성〉과 같은 풍경화와 스위스에 대한 감사의 표현으로 옛 스위스의 이름을 딴 〈헬베티아(자유)〉라는 조각상을 제작하기도 합니다. 그러던 중 쿠르베는 1877년 58세의 나이로 망명지인 스위스에서 병으로 사망합니다. 무엇보다 자신의 예술적 성취와 정치적 입장을 허용하지 않았던 조국 프랑스에 대한 원망과

쉬롱의 성 1874년 | 캔버스에 유채 | 86×100㎝ | 오르낭, 쿠르베 미술관

서운함이 그를 더욱 아프게 했는지도 모릅니다. 그렇지만 그의
사실주의라는 예술적 화풍은 이내 인상주의로 전해졌으며 더
나아가 20세기의 근현대 미술에도 큰 영향을 끼치게 됩니다.

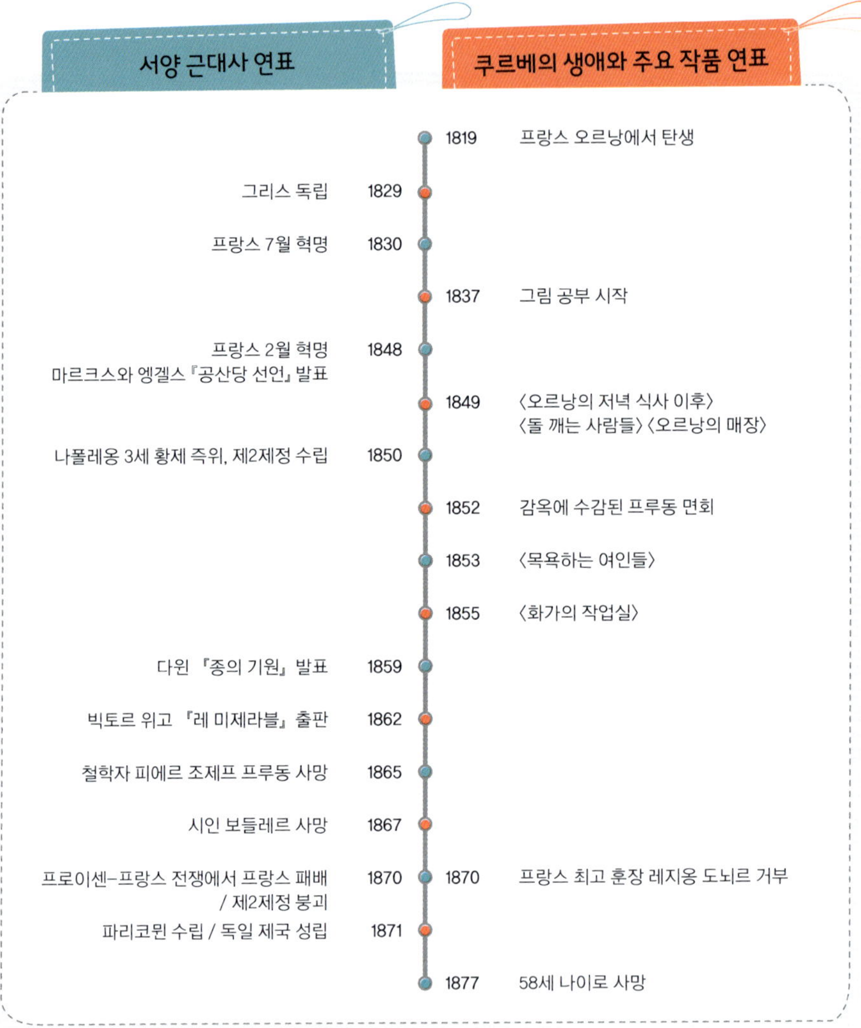

서양 근대사 연표
쿠르베의 생애와 주요 작품 연표

1819 프랑스 오르낭에서 탄생
그리스 독립 1829
프랑스 7월 혁명 1830
1837 그림 공부 시작
프랑스 2월 혁명 1848
마르크스와 엥겔스 『공산당 선언』 발표
1849 〈오르낭의 저녁 식사 이후〉
〈돌 깨는 사람들〉 〈오르낭의 매장〉
나폴레옹 3세 황제 즉위, 제2제정 수립 1850
1852 감옥에 수감된 프루동 면회
1853 〈목욕하는 여인들〉
1855 〈화가의 작업실〉
다윈 『종의 기원』 발표 1859
빅토르 위고 『레 미제라블』 출판 1862
철학자 피에르 조제프 프루동 사망 1865
시인 보들레르 사망 1867
프로이센-프랑스 전쟁에서 프랑스 패배 1870 1870 프랑스 최고 훈장 레지옹 도뇌르 거부
/ 제2제정 붕괴
파리코뮌 수립 / 독일 제국 성립 1871
1877 58세 나이로 사망

산업화와 도시화의 물결을 그리다

서양 고전의 전통과 결별하다

지금까지 살펴본 것처럼 19세기 유럽은 연이은 혁명과 반혁명, 전쟁이 계속되어 왔습니다. 하지만 이것이 19세기 유럽의 전부는 아닙니다. 프랑스를 비롯한 유럽 각국은 자연과학의 발달과 자본주의의 정착으로 이전과는 비교할 수 없을 정도의 부를 축적합니다. 오늘날의 사회와 비슷한 모습을 띠며 서서히 활기를 되찾고 있었지요. 이런 사회의 주류는 귀족도 노동자도 아닌 자본가 시민계급, 즉 부르주아였습니다.

이제 미술에서도 이들의 모습을 담은 그림이 하나둘 나타납니다. 실크해트*와 프록코트*를 입은 신사들과 그들이 즐기는 음악회에서 박람회까지 현대 도시 사회의 모습이 등장하지요. 그런데 이 자체가 그 당시에는 호들갑을 떨 정도로 놀라운 변화였다고 합니다.

> * **실크해트(silk hat)** 남자가 쓰는 정장용 서양 모자. 높이가 높고 둥글며 딱딱한 원통 모양이다. 윤기 있는 비단으로 싸여 있음.

> * **프록코트(frock coat)** 남자용의 서양식 예복의 하나. 보통 검은색이며 저고리 길이가 무릎까지 내려옴.

왜 그랬을까요? 현대적인 사회로 변해 가는 유럽을 최초로 그린 마네를 통해 19세기 후반에서 20세기로 넘어가는 유럽의 사회상을 살펴봅시다.

뻔뻔한 그림으로 주류 사회에 도전장을 던지다

19세기의 특징은 자유와 평등을 향한 혁명이 잇따라 발생했다는 점과 자연과학이 발달했다는 것입니다. 과학의 발달은 발명을 불러왔습니다. 이미 산업혁명의 아이콘이었던 증기 기관차와 사진, 전화 등이 보급되기 시작했고 세 바퀴로 굴러가는 자동차와 디젤 기관 자동차도 등장합니다. 특히 실생활에 필요한 발명품이 만들어졌는데 에디슨이 전구와 축음기를 만들고 뤼미에르 형제가 최초의 영화를 상영했지요. 또한 19세기를 '과학의 세기'라고 부를 정도로 다양한 과학적 발견이 이뤄졌습니다. 다윈의 진화론과 멘델의 유전 법칙, 파스퇴르의 세균학과 뢴트겐의 X선, 퀴리 부부의 라듐 등이 20세기 과학의 문을 활짝 열었습니다.

이런 과학과 기술의 혁신을 바탕으로 경제적으로 자본주의의 메커니즘인 대량생산이 가능해집니다. 그리고 이를 바탕으로 부(富)를 창출하고 축적하면서 등장한 사람들이 부르주아였습니다. 생산 수단을 소유하고 있던 자본가 계급이지요. 이들은 사회적으로 소수였지만, 자본을 재투자하면서 주류 계층으로 떠오릅니다. 늘어난 부만큼 사회적 존경도 받고 싶었던 부르주아는 귀족의 작위를 돈으로 사거나, 건축과 인테리어에서 귀족적인 취향을 드러내면서 새로운 지배층이 되어 갑니다.

이런 사회적 분위기는 화풍에도 영향을 끼쳐 고대 로마제국을 그리거나, 성경 속 주제나 중세 기사도 등의 장면을 묘사하는 것이 대세였습니다. 여성의 누드도 이상적인 아름다움을

에두아르 마네 (Edouard Manet, 1832~1883)

프랑스의 인상주의 화가이다. 19세기 현대적인 삶의 모습에 접근하려 했던 화가 중 하나로 화풍이 사실주의에서 인상주의로 전환되는 데 중요한 역할을 했다. 그의 초기작 〈풀밭 위의 점심〉과 〈올랭피아〉는 엄청난 비난을 불러일으켰으나 반면 수많은 젊은 화가를 주변에 모으는 힘이 되었다. 그의 영향을 받은 이들이 인상주의를 창조했다.

드러내는 하나의 추상적인 의미로 인정되었지요. 사실 이 모든 것은 당시 사람들과는 전혀 상관없는 주제일 뿐이었지요. 부르주아는 이러한 주제가 자신들을 좀 더 고귀하게 보이게 한다고 믿었던 건지도 모릅니다. 돈밖에 모르는 '저속한 부르주아'라는 말을 듣고 싶지 않았겠지요.

한편, 스탕달이나 보들레르 등의 문인들은 "이제 과거의 의상을 버리고, 과학과 기술 혁신으로 변한 현대 도시 사회에 맞는 그림을 그려라."라고 요구합니다.

여기에 호응하듯 등장한 화가가 바로 에두아르 마네입니다. 1832년 프랑스의 부유한 고위 관료 집안에서 태어난 마네는 자신이 속한 주류층에 대한 '발칙한 도발'로 온갖 비난을 한 몸에 받

압생트를 마시는 남자 1859년 | 캔버스에 유채 | 103×178㎝ | 글립토테크 미술관

은 화가이기도 합니다. 그
는 급진적인 정치적 성향
이나 혁명에 대한 동경이
없었음에도 하층 계급의
삶을 화폭에 담았습니다.
〈압생트를 마시는 남자〉를
살롱 전에 출품하면서 전
통 예술의 우아함과 품위
에 도전장을 던졌지만, 보
기 좋게 낙선하지요.

그 뒤 1860년경 마네는
〈스페인 가수〉를 통해 주
목받기 시작합니다. 그는
작품 자체에 어떤 의미와

스페인 가수 1860년경 | 캔버스에 유채 | 147.3×114.3㎝ | 뉴욕, 메트로폴리탄 미술관

상징을 두는 것은 아예 생각지도 않았습니다. 자신의 느낌을
최우선으로 삼고 이를 색채로 표현하면서 전통적인 원근법이
나 명암법을 아예 무시합니다. 작품의 주제도 심오한 것이라곤
찾아보기 힘들 정도였죠.

1862년에 그린 〈튈르리의 음악회〉는 바로 이런 새로움을 보
여 주는 마네의 대표작입니다. 여기에 마네는 자신을 지지하

던 문인 보들레르 등을 비롯해, 수많은 파리 사람들이 튈르리 정원에서 여가를 즐기는 모습을 그대로 담았습니다. 화면 왼쪽 끝의 안경 쓴 인물이 마네이고, 그 뒤쪽에 빨간 모자에 회색 수염의 노인이 그의 아버지입니다. 그 옆에는 마네의 아내가 서 있어요. 이 그림은 현대의 도시 생활을 담은 최초의 작품입니다. 또한 명확한 윤곽과 색으로 처리하던 전통적인 회화 기법을 무시하고, 형태와 색조의 효과만으로 표현한 작품이기도 합니다. 이는 인상주의 화가들에게 하나의 모범이 되었습니다.

풀밭 위의 점심　1863년 | 캔버스에 유화 | 208×264㎝ | 파리, 오르세 미술관

　그러나 거꾸로 말하면, 사진과 같은 섬세한 면은 전혀 없었으며 명암조차 표현하지 않았습니다. 당시의 기준으로 보면 엉터리 스케치에 마구 그린 그림이자 고전적인 주제도 아니었지요. 이 그림을 본 관람자들은 자신을 무시했다며 폭력 사태 직전까지 가는 해프닝을 일으키기도 합니다. 그나마 마네가 지킨 전통이라면 수염을 기르고 프록코트를 입은 자신, 즉 화가 본인을 그려 넣었다는 것이랄까요?

　1863년 마네는 여기에서 더 나아가 가장 혹독한 비판을 받은 〈풀밭 위의 점심〉을 선보입니다. 역사나 신화 속 인물이 아닌 그 당시 파리 사람을 그렸습니다. 그것도 관객을 똑바로 쳐다보는, 여신도 아닌 평범한 여성의 누드까지 곁들였지요. 마네 스스로가 "나를 갈가리 찢어 놓을 거야."라고 내뱉듯 말한 그대로 이 작품으로 비난의 화살이 마구 날아왔지요. 혹자는 이 그림이 당시 등장한 자동차 가솔린 엔진만큼이나 충격적인 현대의 광경을 알리는 작품이라고 했고, 또 어떤 비평가는 "미친 듯한 비웃음이 가장 잘 어울리는 작품"이라고 혹평했습니다. 마네는 수세기 동안 서양화가들이 지극 정성을 들인 원근법적 공간을 파괴했습니다. 또한 명암을 버리고 남자들의 검은 코트조차 밝은색을 칠할 때처럼 두껍게 처리해 독창적인 미술 기법을 탄생시키는 데까지 나아갑니다.

젊은 인상주의 화가들의 우상

마네는 '투명한 대기' 속에 있는 누드를 그리고 싶었다고 합니다. 사실 〈풀밭 위의 점심〉은 르네상스 시대 라파엘로가 그린 〈파리스의 심판〉에 변형과 혁신을 가한 것이지만, 당시에는 '진정한 소란'을 일으키기 위한 장난질로 여겨졌나 봅니다. 그러나 이 작품은 대표적 인상주의 화가인 모네와 피사로, 시슬레 등이 인상주의 회화의 현장은 '밝은 빛이 퍼져 있는 야외'에서 이루어진다는 원칙에 눈뜨게 되는 기념비적인 작품이지요.

마네 스스로도 "위대한 빛과 위대한 그림자를 추구하라. 그러면 나머지는 저절로 이루어질 것이다."라며 인상주의의 선구자가 되어 갑니다.

한편 〈풀밭 위의 점심〉에 가장 많은 영감을 받은 화가는 20세기 입체파를 형성한 피카소입니다. 그는 이 그림을 분석하기 위해 모든 각도에서 조사하고, 반복해서 그려 보기도 했다고 합니다.

앞서 살펴본 쿠르베는 사실주의적 화풍으로 민중 혁명을 지지한 입장에서 그림을 그려 주목받았습니다. 반면 마네는 남부러울 게 없는 사회적·경제적 지위를 가진 인물이었지만 스스로의 화풍으로 쿠르베만큼이나 큰 반향을 불러왔어요. 자기가 속한 집단의 생생한 모습을 느낀 그대로 그린 것이 오

피리 부는 소년 1866년 | 캔버스에 유화 | 160×98㎝ | 파리, 오르세 미술관

히려 엄청난 파장을 일으켰지요. 이제 그는 멈출 수 없는 배와 같이 19세기 현대 문명의 여명기를 거침없이 그려 나갑니다.

1866년 그린 〈피리 부는 소년〉은 군복을 입고 있는 소년 병사의 초상화로, 그가 스페인 여행을 통해 배운 매우 밝은 분위기의 그림입니다. 여기서도 인물의 생생한 모습을 보여 주기 위해 원근법을 무시했으며, 손과 발 부분을 빼면 그림자가 거의 없는 평면적 묘사에 빨강과 검정만이 도드라져 보이게 그렸습니다. 인상주의로 흐르는 마네만의 화풍이 확고해져 간다는 것을 느낄 수 있습니다.

〈1867년 만국박람회〉에는 당시 과학과 기술 발전의 모든 것을 전시한 파리 만국박람회를 보기 위해 몰려든 사람들의 풍경을 담았습니다. 만국박람회는 유럽 각 나라의 문화와 정보를 교환하는 축제의 장이었습니다. 특히 산업의 발달과 자연과학의 발전, 기술의 혁신과 발명 등으로 산업 박람회의 형식을 띠었으며, 현대 문명을 알리는 계기도 되었지요. 만국박람회를 개최한 프랑스는 자신들이 강대국이 되었음을 선전하는 효과도 노렸습니다. 이 박람회에는 치약, 재봉틀 바늘, 증기 보일러, 콤바인 추수기, 타자기, 축음기, 그리고 알루미늄까지 당시 발명된 모든 것들이 출품되었지요. 그리고 전 세계의 군

1867년 만국박람회 1867년 | 캔버스에 유화 | 107×97㎝ | 오슬로, 국립미술관

주와 중요한 외교 사절들이 줄지어 도착했다고 합니다.

현대 도시적 감수성과 생활상을 표현하다

마네가 완전히 정치적인 입장에서 떠나 미술에만 몰두한
것은 아닙니다. 정치적으로 공화정을 지지하는 입장의 작품을
몇 점 남겼습니다. 파리 만국박람회가 한창이던 7월 1일, 오스
트리아 합스부르크가의 막시밀리안 황제가 멕시코에서 처형당
했다는 소식이 전해졌어요. 마네의 〈막시밀리안 황제의 처형〉

막시밀리안 황제의 처형　1867년 | 캔버스에 유화 | 252×305㎝ | 만하임, 시립미술관

은 프랑스의 나폴레옹 3세가 멕시코에 대해 내정 간섭을 하기 위해 10년 이상 주둔하고 있던 군대를 철수시키면서 벌어진 막시밀리안 황제의 총살형을 그린 것입니다. 마네는 이 그림을 통해 막시밀리안을 구해 오지 못한 프랑스 정부의 무능력을 간접적으로 폭로하고 있습니다.

또 〈바리케이드〉에서는 파리코뮌의 붕괴 이후 생포된 파리코뮌 가담자들에게 총격을 가하는 장면을 그렸습니다. 이 두 그림 모두 당시 정치 체제와 그 속에서 벌어진 정치적인 폭력을 비난하는 의도가 분명히 드러나지요. 여기에 마네만의 거친 붓터치와 강조된 색채 등을 통해 주제를 더욱 강하게 표현해 냈습니다.

분명한 것은 뭐니 뭐니 해도 마네는 자신이 살던 시대를 충실히 그렸다는 것입니다. 그리고 그 속에

바리케이드 1871년 | 수채 담채 | 46.2×32.5㎝ | 부다페스트, 국립미술관

폴리 베르제르의 술집 1881~1882년 | 캔버스에 유화 | 96×130㎝ | 런던, 코톨드 미술관

는 이제 막 현대 도시 문명을 싹 틔운 당대의 모습이 강하게 드러난다는 점이지요. 마네가 죽기 1년 전인 1882년에 그린 〈폴리 베르제르의 술집〉에서도 그 당시의 모습과 그가 추구한

색채와 형태가 잘 드러납니다. 어딘가 우울해 보이는 여인 뒤로 화려하고 세련된 도시적 광경이 펼쳐져 있지요.

이제 마네는 뚜렷한 색상과 단순한 형태를 통해 자신만의 감수성으로 19세기 중·후반 산업화와 도시화의 물결을 그린 최초의 현대적 화가로 남게 됩니다. 수많은 질타와 비난 속에서도 인상주의라는 길을 열어 놓으면서 말이지요.

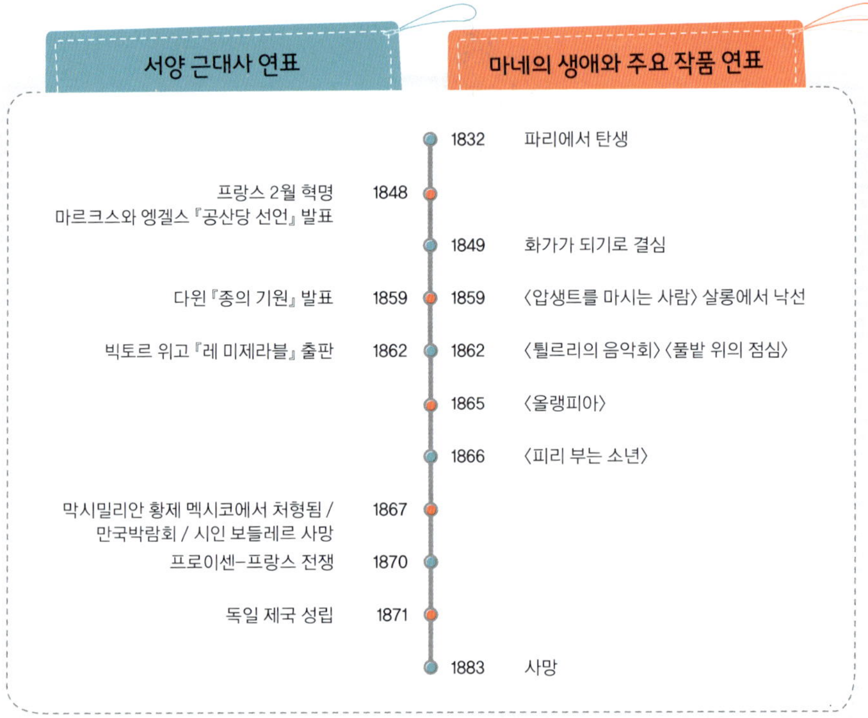

서양 근대사 연표		마네의 생애와 주요 작품 연표
	1832	파리에서 탄생
프랑스 2월 혁명 마르크스와 엥겔스『공산당 선언』발표	1848	
	1849	화가가 되기로 결심
다윈『종의 기원』발표	1859	〈압생트를 마시는 사람〉살롱에서 낙선
빅토르 위고『레 미제라블』출판	1862	〈튈르리의 음악회〉〈풀밭 위의 점심〉
	1865	〈올랭피아〉
	1866	〈피리 부는 소년〉
막시밀리안 황제 멕시코에서 처형됨 / 만국박람회 / 시인 보들레르 사망	1867	
프로이센–프랑스 전쟁	1870	
독일 제국 성립	1871	
	1883	사망

시대의 아픔에 대안을 제시하다

자유로운 공동체를 꿈꾼 고흐

가난한 이웃과 함께하려 했던 화가

길을 가다 추위에 떨고 있는 성냥팔이 소녀와 마주치게 되었다고 가정해 봅시다. 여러분은 어떻게 할 건가요? 어떤 사람은 자신이 입고 있던 외투를 벗어 주기도 하겠지만, 또 어떤 이는 그냥 스쳐 지나갈 수도 있겠지요. 아니면 이런 현실이 나타나게 된 사회를 고발하고 구조적으로 해결하기 위해 나서는 사람도 있을지도 모르겠습니다.

자, 여기 자신이 살고 있는 시대의 가장 어두운 현실에 눈감지 않고, 불우한 이웃과 함께 아파하며 때론 몸으로 때론 그림으로 이를 극복해 보려 했던 사람이 있습니다. 모든 이들이 더불어 자유롭게 사는 공동체를 꿈꾼 광기의 천재 화가, 바로 빈센트 반 고흐입니다. 이번에는 그를 통해 19세기 근대 유럽의 어두운 이면과 이를 극복해 보려는 사람들의 의지와 대안을 살펴봅시다.

네덜란드의 화풍을 이어받은 화가

19세기 유럽 자본주의의 가장 큰 결점 가운데 하나는 빈익빈 부익부, 다시 말해 시간이 갈수록 빈부 격차가 심해진다는 것이었어요. 더구나 산업화의 영향으로 농촌도 예전의 모습을 잃어 가고 있었지요. 이런 상황에서 1853년 네덜란드의 작은 마을에서 빈센트 반 고흐가 목사의 아들로 태어납니다.

고흐를 이해하기 위해서는 그가 '네덜란드' 출신이라는 점 그리고 '기독교'의 영향을 받았다는 것을 기억해야 합니다. 전자는 미술사적으로 루벤스의 과감한 색채와 렘브란트의 자화상을 이었다는 데서 드러나지요. 특히 렘브란트에 버금갈 만큼 많은 자화상을 남긴 고흐는 자의식이 강했으며, 내면적 세계에 대한 성찰이 남달랐다고 할 수 있어요. 우리가 흔히 떠올리는 정신병적 혹은 광기의 고흐 이미지와는 전혀 다른 측면이지요.

후자는 밑바닥 인생을 사는 사람들에 대한 연민과 연대가 사랑과 자기희생에 바탕을 두고 있다는 데서 드러납니다. 당시 유럽에서는 다윈의 『종의 기원』의 출간으로 기독교적 창조론을 부정하는 과학 이론이 등장하고 목사의 아들이었던 독일의 니체가 '신은 죽었다'라며 기독교에 대해 철학적으로 부정하기도 합니다. 그런 사회에서 고흐는 기독교적인 가치를 내면화하고 실천해 나가면서도 한 걸음 더 나아가려고 애썼어요. 고흐가 동생 테오에게 보낸 편지 중에는 이런 말이 있습니다.

"위대한 화가, 진지한 거장이 그 작품을 통해 전하려는 참된 의미를 이해하고자 노력하는 것은 신을 알아 가는 과정과 같다. 책으로 그것을 쓰고 말하는 사람도 있고, 그림으로 그것을 표현하는 사람도 있다."

빈센트 반 고흐 (Vincent van Gogh, 1853~1890)

네덜란드 근대의 화가이다. 17세에 암스테르담 대학 신학부를 나온 후, 파리의 화상(畵商)의 점원이 되었으나 얼마 가지 못 했다. 성직자의 길을 가려 했으나 실패 후 화가가 되기로 결심한다. 조기에는 브뤼셀, 헤이그 능지에서 하증민의 생활과 풍경을 그렸다. 하지만 파리에서 접한 인상파와 일본 풍속화의 영향으로 밝은 화풍으로 바뀌었다. 새로운 예술촌 건설을 꿈꾸고 고갱과의 공동생활이 시작되었으나 성격 차이가 심해 순조롭지 못했다. 그해 12월 정신병 발작을 일으켜 고갱과 다툰 끝에 면도칼로 자신의 귀를 잘라 버렸다. 한때 건강이 회복돼 발작의 불안에서 벗어나는 듯했으나 다시 쇠약해져 끝내 권총으로 자살했다.

감자 먹는 사람들 1885년 | 캔버스에 유화 | 81.5×114.5㎝ | 암스테르담, 국립 반 고흐 미술관

이 글귀를 계기로 동생 테오는 고흐가 죽을 때까지 그에게 재정적 지원을 아끼지 않지요. 물론 고흐의 예술적 기질과 그 안에 잠재되어 있는 모든 걸 이해하면서 말이지요.

고흐가 1885년에 그린 〈감자 먹는 사람들〉은 이러한 그의 생각을 잘 담은 그림입니다. 그 자신도 가난 때문에 십대 중반에 학교를 그만두어야 했고, 그림을 파는 일부터 온갖 일을 해야 했습니다. 그럼에도 무보수 교사와 탄광촌에서의 전도사까지 자선 사업을 실천했습니다. 제대로 인정받은 적은 없었지만 그래도 그는 굴하지 않고, 힘겨운 삶을 살아가는 이들에 대한 애정을 놓지 않았어요.

〈감자 먹는 사람들〉은 고된 농사일을 마치고 집에 돌아와 감자로 끼니를 때우고 있는 어느 가족의 모습을 정직하게 보여 주고 있습니다. 희미한 등불 아래 모여 앉은 가족들의 생생한 표정 그 속에서 마치 예수와 제자들의 '최후의 만찬'처럼 왠지 진지하고 엄숙하기까지 한 분위기를 읽을 수 있어요. 당시는 세련된 도시인의 생활 문화를 그리는 것이 대세였고 인상파의 그림들이 자리를 잡아 가던 시기였습니다. 그런데 고흐의 눈은 가난한 현실의 농촌으로 향하고 있었지요. 농부들이 보여 주는 삶에 대한 긍정과 거룩함을 표현하는 것이 시대의 진실이자 진정한 인간미의 추구라고 본 것이죠.

〈구두〉에서도 고된 노동의 발자취, 그리고 인간적인 것에 대한 고흐만의 감

구두 | 1886년 | 캔버스에 유화 | 81.5×114.5㎝ | 암스테르담, 국립 반 고흐 미술관

수성이 느껴집니다. 고흐는 일부러 새 구두에 흙칠을 하고 문질러 낡은 구두처럼 만든 뒤 이 그림을 그렸다고 해요. 이런 각색과 구두의 짙은 어두움을 통해 인간의 고된 노동에 대해 더욱 깊이 들여다보게 하는 효과를 발휘했지요.

인간에 대한 사랑이 넘친 화가

1885년 말, 고흐는 네덜란드를 떠나 프랑스로 갑니다. 이곳에서 그는 인상파의 영향과 함께 당시 유행처럼 퍼져 나가던 일본 풍속화(우키요에)의 영향을 강하게 받습니다. 그리고 이제까지의 어두운 색에서 벗어나 원색의 밝고 환한, 태양과도 같은 색채를 자신의 것으로 만듭니다.

〈탕기 영감의 초상〉은 시대적 배경과 고흐 자신의 미술적 변화가 드러난 대표작입니다. 탕기 영감은 고흐처럼 돈 없는 화가들에게 물감을 제공해 준 가게 주인이었습니다. 고흐는 다소 혼란스러운 배경과는 달리, 청색

탕기 영감의 초상 1887년 | 캔버스에 유화 | 65×51㎝ | 아테네, 스타브로스 니아르코스 컬렉션

과 갈색으로 탕기 영감을 단
순하게 처리했습니다. 또 아
를르에서 만난 진정한 친구
이자 우체부인 룰랭을 그린
〈앉아 있는 우편배달부 조제
프 룰랭〉도 같은 느낌으로 이
해할 수 있는 그림입니다. 이
미 사진술이 발전한 현실에서
고흐는 세밀한 인물 묘사보다
는 인물의 성격을 드러내 보이
는 데 초점을 맞춥니다.

고흐를 믿고 지지해 주었
던 탕기 영감과 룰랭은 사회
주의적 정치를 지향했다는

앉아 있는 우편배달부 조제프 룰랭 1888년 | 캔버스에 유화 | 81×65㎝ | 보스턴 미술관

공통점도 있습니다. 고흐는 자신의 정치적 입장을 명확하게
드러낸 적이 한 번도 없지만, 자유로운 인간들의 공동체를 꿈
꿨던 것이 확실합니다. 그에게 가장 영향을 준 사상가로는 인
간 해방과 공동체를 주장한 생시몽을 꼽을 수 있어요. 기독교
적 사랑과 희생에서 출발한 고흐는 생시몽의 사상을 접하면
서 가난한 이들에 대한 연민과 애정, 그리고 그들이 바로 사회

의 주인공이 되어야 한다는 신념을 가지게 됩니다.

고흐가 현실에서 이를 실천하는 길로 선택한 방법은 화가들만의 자유로운 공동체를 만드는 것이었습니다. 찬란한 햇살이 넘실거리는, 그리고 그가 관심 있게 본 일본 풍속화의 고요하고 이국적인 정취가 넘쳐나는 곳에서 말이지요. 마침내 고흐가 선택한 곳은 바로 푸른빛이 감도는 밝은 색채의 고장 아를르였습니다. 남프랑스의 작은 도시인 아를르는 뜨거운 태양

꽃이 핀 복숭아나무 1888년 | 캔버스에 유화 | 73×59.5㎝ | 오테를로, 국립 크뢸러뮐러 미술관

꽃병에 꽂혀 있는 열두 송이 해바라기 1888년 | 캔버스에 유화 | 91×72㎝ | 뮌헨, 노이에 피나코테크

밤의 카페 테라스 1888년 | 캔버스에 유화 | 81×65.5㎝ | 오테를로, 국립 크뢸러뮐러 미술관

으로 유명한 곳입니다. 여기서 그는 무려 187점의 유화 작품

을 그려 냅니다. 마치 아를르의 태양처럼 정열과 재능을 그림

에 쏟아 부은 것이지요. 그 속에서 매우 강렬한 색채를 뽐내

242

는 뛰어난 작품들이 탄생했습니다.

1888년에 그린 〈꽃이 핀 복숭아나무〉와 〈붓꽃이 핀 아를르 풍경〉〈꽃병에 꽂혀 있는 열두 송이 해바라기〉 등에서 우리는 고흐가 왜 이곳으로 오게 되었는지 알 수 있지요. 고흐에게 가장 행복한 시절이 바로 이 아를르에서 지냈던 시간들이라고 합니다. 〈밤의 카페 테라스〉나 〈별이 빛나는 밤〉 등도 모두 이 시기 작품이에요. 반짝이는 별처럼 이상적인 삶을 추구한 화가 고흐의 마음이 그대로 느껴지는 그림입니다.

좌절된 희망을 안고 생을 마감한 화가

고흐는 아를르에서 예전부터 그렸던 가난한 농민들에 대한 그림을 다시 그리기도 합니다. 밀레의 영향을 받아 그린 〈씨 뿌리는 사람〉은 이제 고흐만의 완벽한 창조적 작품으로 거듭 납니다. 강렬한 태양과 희망에 찬 농부의 모습이 선명하게 나타나지요.

하지만 불행의 싹은 고갱과 함께 이곳 아를르에서 공동체를 형성하고 지내면서부터 서서히 자라기 시작합니다. 고흐의 동생 테오가 평소 알고 있던 화가를 통해 고갱을 소개받으면서 둘의 만남은 시작되었어요. 고흐는 탁월하고 뛰어난 재능을 지닌 위대한 예술가를 만났다고 매우 좋아했다고 합니다.

파이프가 놓인 빈센트의 의자 1888년 | 캔버스에 유화 | 93×73.5㎝ | 런던, 내셔널 갤러리

책과 양초가 놓인 고갱의 의자 1888년 | 캔버스에 유화 | 90.5×72㎝ | 암스테르담, 국립 반 고흐 미술관

고갱 역시 화상이었던 고흐의 동생 테오에게 안정적인 생활이 가능하다는 말과 재정적 지원을 해 주겠다는 말에 고흐와 의기투합해 새로운 화가 공동체를 만들어 나가기로 합니다.

고흐와 고갱의 특징은 〈파이프가 놓인 빈센트의 의자〉와 〈책과 양초가 놓인 고갱의 의자〉에서 잘 나타납니다. 단순하고 소박한 고흐에 비해 고갱은 화려하고 우아했지요. 고갱을 스승처럼 여겼던 고흐였지만 물과 기름처럼 둘은 섞일 수 없었습니다. 고갱이 너무나 자기 중심적이고 콧대가 높았다면 고흐는 우울하고 자신의 예술 세계를 인정받고 싶어 했지요. 결국 고흐의 기대와 달리 공동체는 산산조각 납니다. 두 사람은 작품 이해부터 일상생활까지 사사건건 부딪치게 되었고, 급기야 〈귀가 잘린 자화상〉의 모습처럼 고흐가 자신의 귀를 자르는 일까지 벌어집니다.

붕대로 귀를 감은 자화상 1889년 | 캔버스에 유화 | 60×49㎝ | 런던, 코톨드 미술관

실편백나무가 있는 별이 빛나는 밤 1889년 | 캔버스에 유화 | 73×92㎝ | 뉴욕, 근대미술관

고갱이 떠난 뒤 고흐는 심한 정신적 고통을 겪게 됩니다. 그
당시 절망과 혼돈은 〈실편백나무가 있는 별이 빛나는 밤〉과 〈까
마귀가 나는 밀밭〉에서 잘 드러납니다. 결국 고흐는 1890년 7월,
권총으로 자신의 가슴을 쏘고 말았죠. 이틀 뒤 자신을 이해해
주던 유일한 사람, 동생 테오 반 고흐의 곁에서 숨을 거두게 됩
니다. 우울한 만큼이나 열정적이었고, 고독한 만큼이나 광기로

까마귀가 나는 밀밭 | 1890년 | 캔버스에 유화 | 50.5×103㎝ | 암스테르담, 국립 반 고흐 미술관

치달았던 고흐는 짧은 생애 내내 생활고에 쪼들렸고 자신이 원하는 사람들과 진정한 소통을 완성하지도 못한 채 결국 자살로 생을 마감했습니다. 이렇게 고흐는 현실에서 수많은 좌절을 겪으며 생을 마감했지만, 역설적이게도 오늘날 가장 인기 있는 화가로 우리 곁에 남아 있습니다. 그리고 그의 미술과 19세기는 이제 20세기 현대 사회로 넘어가게 됩니다.

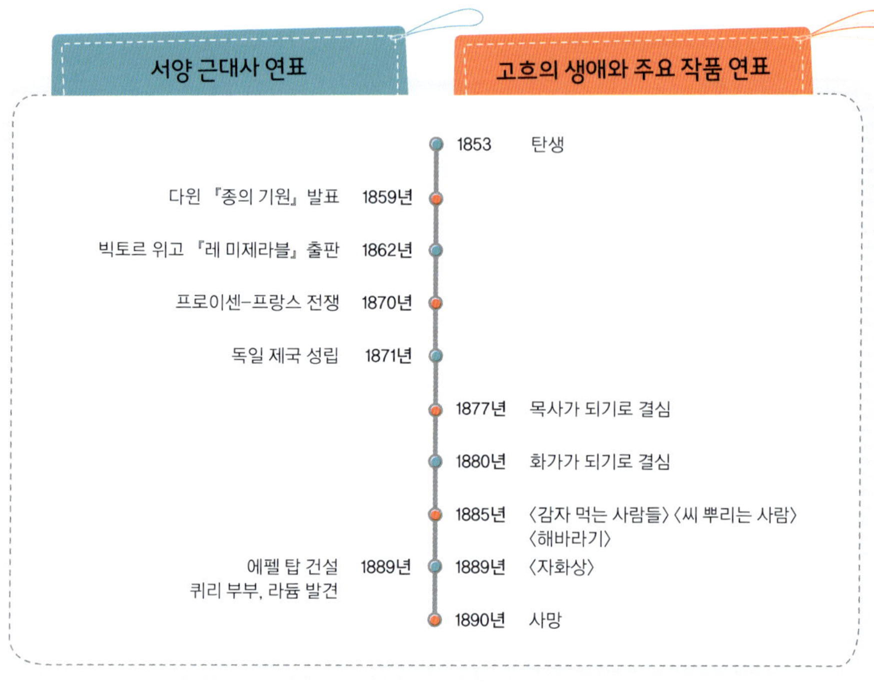

4부 참고문헌

김은빈 편저, 『쿠르베·터너·도미에』, 지경사, 2009

데이비드 블레이니 브라운, 강주헌 옮김, 『낭만주의』, 한길아트, 2004

로스 킹, 황주영 옮김, 『파리의 심판』, 다빈치, 2008

모리스 아귈롱, 전수연 옮김, 『마리안느의 투쟁』, 한길사, 2001

박홍규, 『내 친구 빈센트』, 소나무, 2006

뱅상 포마레드, 임호경 옮김, 『들라크루아』, 창해, 2001

빈센트 반 고흐, 신성림 옮김, 『반 고흐, 영혼의 편지』, 예담, 2005

시모나 바르탈레나, 임동현 옮김, 『오르세 미술관』, 마로니에북스, 2007

에두아르 마네 외, 강주헌 옮김, 『뒤늦게 핀 꽃: 에두아르 마네』, 창해, 2000

염명순, 『태양을 훔친 빈센트 반 고흐』, 아이세움, 2001

외젠 들라크루아, 강주헌 옮김, 『위대한 낭만주의자: 외젠 들라크루아』, 창해, 2000

이주헌, 『50일간의 유럽 미술관 체험 2』, 학고재, 2005

질 네레, 엄미정 옮김, 『에두아르 마네』, 마로니에북스

카트린 뫼리스, 김용채 옮김, 『뒤마가 사랑한 화가 들라크루아』, 세미콜론, 2006

파스칼 보나푸, 송숙자 옮김, 『반 고흐: 태양의 화가』, 시공사, 1995

편집부, 『쿠르베』, 재원, 2004

　　19세기 유럽은 18세기의 혁명과 나폴레옹의 영향이 깊고 다양하게 드러납니다. 자유주의와 민족주의 그리고 사회주의라는 이념의 형태로 크게 삼분되어 나타난 것이지요. 19세기 유럽은 근대 국민 국가라는 체제를 완성해 나가며 동시에 자본주의적 현대 사회를 예고하게 됩니다.

　　혁명을 겪은 유럽의 자유주의자들은 더욱더 많은 자유를 국가적 차원과 개인적 차원에서 요구하게 됩니다. 구체적으로 선거권 확대와 시민적 자유에 대한 요구는 프랑스의 1848년 2월 혁명을 통해 분출됩니다. 영국에서는 종교의 자유가 확대되고, 중산층에게도 선거권이 주어집니다. 이에 노동자들도 선거권을 요구하는 차티스트 운동을 벌였습니다. 차티스트 자체는 실패했지만 결국 노동자들도 선거권을 쟁취하지요.

　　한편, 르네상스기 수많은 도시국가로 분열되어 있던 이탈리아가 드디어 오스트리아로부터 독립을 쟁취하고 통일하게 됩니다. 마치니와 가리발디 등의 인물들을 통해 이탈리아는 민족 통일과 민주 개혁을 달성하게 되지요. 유럽에 자유주의만큼이나 민족주의적 바람이 거세게 불어

온 것이죠. 이미 1829년 오스만튀르크의 지배를 받고 있던 그리스가 독립을 쟁취했어요. 이탈리아의 뒤를 이어 수십여 개의 국가로 나누어져 있던 독일도 프로이센 중심으로 독일 제국의 성립을 선포합니다. 이후 독일은 산업화에 성공하며 영국의 뒤를 바짝 쫓는 강대국으로 떠올랐습니다.

이렇게 자유주의와 민족주의를 통해 근대 국민 국가가 형성되는 한편, 산업혁명의 성과도 유럽에서 눈에 띄게 나타납니다. 영국이 증기 기관이라는 새로운 동력을 통해 눈부신 산업화를 이뤄 내자, 다른 국가들도 경쟁적으로 산업화에 뛰어들었습니다. 프랑스, 독일, 러시아 등이 19세기 말까지 산업화를 추진하며 강대국으로 변해 갑니다.

산업화는 곧 사회의 변화로 이어져 도시화가 가속되고 중산층이 성장하게 됩니다. 자본주의적 산업화의 영향 속에서 현대 문명이 만들어진 것이지요. 철도, 도로, 운하, 전신, 전화 등이 발명되었습니다. 현대 문명의 발달은 자유주의와 맞물리면서 교양과 여가를 즐기는 문화로 나타나게 됩니다.

반면 산업혁명의 그림자도 짙어졌습니다. 빈부 격차가 심해졌고, 노

동자들의 노동 환경과 조건이 열악해지자 이를 극복하려는 대안으로 사회주의 사상이 등장했습니다. 이런 움직임은 좁게는 노동자의 권리를 찾으려는 노력에서 넓게는 자유롭고 평등한 공산주의 사회를 만들겠다는 주장으로 발전합니다. 마르크스는 자본가와 노동자 사이에는 필연적으로 계급 투쟁이 벌어지게 마련이며 따라서 공산주의 사회로 나아갈 수밖에 없다고 주장하지요.

유럽은 이러한 자유주의와 민족주의 그리고 산업혁명과 사회주의의 형성 속에서 20세기 현대 사회를 준비하게 됩니다.

명화로 배우는 서양 역사 이야기

펴낸날   초판 1쇄 2012년 10월 26일
         초판 5쇄 2014년 5월 26일

지은이   최경석
펴낸이   심만수
펴낸곳   (주)살림출판사
출판등록 1989년 11월 1일 제9-210호

주소   경기도 파주시 광인사길 30
전화   031-955-1350   팩스 031-624-1356
홈페이지 http://www.sallimbooks.com
이메일   book@sallimbooks.com

ISBN   978-89-522-1903-9   43920

※ 값은 뒤표지에 있습니다.
※ 잘못 만들어진 책은 구입하신 서점에서 바꾸어 드립니다.